只有彼此真诚地相爱
才能清晰地听见对方

# 爱，让我们彼此听见

刘继荣
张一凡 ｜ 著

北京联合出版公司
Beijing United Publishing Co.,Ltd.

# 爱，让我们彼此听见

继荣（母亲）

翻开书稿，那些柔软的旧时光，抖动着翅膀纷纷落下，停在窗台，停在掌心，停栖在黄昏的烟霞里。小小的朱红的喙，一下一下轻啄记忆之门；思绪穿过迢迢时光，去到从前。

最初的我，以为孩子听大人的话就可以了，我未曾想过，大人也须听孩子的话。

时光曾赠我花好，赠我月圆，赠我无数平静而闪亮的日子。

时光也曾赠我当头一棒，没有演习，没有预兆，以一场疾病的方式突然出击。

我懵懂地躺在医院的床上，连续几个月看同一扇窗，看天如何黑又如何亮，看初夏怎样一点一点变成深秋，一片叶子如何墨绿，又怎样泛黄。

虽然，我逃过了生命中的一劫，但麻烦的是，一切都要从头开始——我需要重新学习走路、握笔、刷牙这些简单的技能。我无数遍地重复这些基本的动作，当我摔倒在地却无力爬起来时，当我试图握笔写下自己的名字却以失败告终时，当我用尽全身力气却挤不出牙膏时……我叹息、沮丧、绝望，认为自己吃了那么多苦，有资格赖在地上永不起来，也有充分的理由把头埋进沙子里认输。

我想：我的人生已经完了，我理应认命，俯首帖耳接受命运的处置，而不是如落岸之鱼般狼狈挣扎。

这时，总有一个稚嫩的声音愉快地响起："妈妈，你的病一定会好的，让我来帮你。"

于是，我重新站起来，调整自己的情绪，继续做那些枯燥的练习。

说实话，我们都是凡人，没有任何超能力，即便倾尽全力，能为关心的人所做的事情仍然有限。所有的抗争，还须自己完成。

在《西游记》里，孙悟空的本领通天入地，但在大战铁扇公主时，被芭蕉扇一扇，仍然立脚不稳，被吹得无影无踪。后来他向灵吉菩萨讨得一枚定风丹，含在口中，于狂风中岿然不动，才得以施展本领，打败对手。

在我迷茫时，孩子那句简单的话，就是我的定风丹，也是我的定心丸。我愿意听，也愿意信，才能走出错综复杂的迷宫，接受命运的挑战。

你看，星星的光亮只有水滴般大，萤火虫的灯笼照不了多远，蒲公英举着世界上最小的伞，但就是这些小小的呵护，这些小小的光与暖，让我撑过那段幽暗而漫长的时光。

史学家吕思勉先生曾言：人类最亲切的苦乐，其实不在于物质，而在于人与人之间的关系。我想，在亲人之间，无论年龄长幼，阅历深浅，学识多寡，都需要彼此的尊重与爱护，大家才能共同成长，共同进步；才会跨越一次又一次的难关，才会有一生一世的相守。

我曾收到过读者的邮件，有父母抱怨孩子不听话，也有孩子倾诉父母不理解自己。明明是最亲近的人，但似乎永远不在同一频道上，这真是一件苦恼的事情。同时，读者很羡慕我们的亲子关系，希望我能够指点迷津。

我在回复里说：其实，我们并不像大家想象的那样，拥有一种"完美"的亲子关系。我们也曾有过迷惑、矛盾与纷争，但最关键的是，无论发生了什么，我们始终没有放弃过彼此间的关心与爱护。

在《交流的无奈——传播思想史》一书中，彼得斯这样认为：完美交流是乌托邦式的幻想，是没有保证的冒险，这不值得惋惜，这是智慧的开端。我们应该追求的是彼此的关爱，这样一种人与人的联系，胜过了天使能够提供的东西。

我想：彼得斯强调的不是无奈，而是关爱。只有彼此真诚地相爱，才能清晰地听见对方。

感谢出版社的努力，让这本书再版。在这些文字里，有我与孩子的日常，也有其他朋友真实的亲子故事。在写这本书期间，一些热情而善良的朋友，有台湾的，也有大陆的，因为读过我之前的文字，他们托出版社将信件转交给我，甚至还有人寄来录制的光盘，为我提供图片与音频，只为讲述自己与孩子之间的故事，并嘱托我写下来。我被他们的故事所打动，也为他们对我的信任而感动，所以，在此将这些故事一并奉上。

亲爱的读者，当你看到这本书时，说不定你也有故事想告诉我，说不定你的故事也会出现在我的新书里面。因为，这白纸黑字，这清浅墨香，会让原本遥远的我们结缘，也会让陌生的我们产生共鸣。

最后，我想将这段寄语送给大家：

岁月是最长的谜，在无尽的时光里，会有梦想成真，祝福兑现；也会有风雨隐隐，浮云蔽日。无论遇到什么，谁也不许投降，不许后退。我们要照亮彼此，努力奔跑，一直到达云霞的最深处，看旭日升起，时光都织成锦绣。

爱，让我们彼此听见。

# 两个"中等生"

继荣（母亲）

冬至。我对着餐盘问："饺子！饺子！听说吃了你可以不冻耳朵，那吃什么能不冻手呢？"

我的手怕冷，天一凉便会自废武功，打字的键盘、家门钥匙、羽绒服拉链等通通不再服从手指的操控。最惊险的是，切菜时刀刃会恶作剧地吻上自己的手指。

饺子不给我答案，儿子却向我提问："我想搞一个组合，叫什么名字好呢？"

我兴致勃勃，乱出主意：雪域神起、面条侠、毛毛虫……忽然间，我想起一个关键问题："你们乐队几个人啊？"

他回答："两个！"

我决定："那就叫 F2 吧！"

他眼睛一亮："还不如叫 2AS（average student）呢！——两个中等生，就是这个！"

我好奇地追问："2AS 的另外一个成员是谁？"

他将手指转向我："你！"

我连连摆手："你看世界上哪个歌手是跟妈妈一同上台的？"

他微笑地看着我："你别怕，我们不上台，只是自己表演。"

于是，演出开始了。

儿子一鸣惊人，尽显巨星失误时的风采；我亦不甘落后，调子一跑就跑到了火星。没有灯光，没有伴奏，没有观众，可两位主唱劲歌热舞。从客厅唱至书房，从卧室舞到厨房，直至累倒在地，还在尽情地吹捧对方，坚信 2AS 是世间独一无二的组合。

演唱会随时随地都可举办，鲜花是白菜和芹菜，我们给彼此最多的掌声与喝彩声。小寒，大寒，那些滴水成冰的时光，一寸寸化开。当快乐涌向全身时，血液也流向神经末梢，久违的温柔惊醒木然的指尖。

键盘、钥匙、拉链、菜刀都变得默契而贴心，我预备的一大包创可贴，仅用去了几片。

立春。寒流忽至，比最冷的冬日还冷。

我跟儿子商量："2AS 可以合写一本书吗？"

他一下跳开："不！"

我追，他逃，他且退且唱："我写不好，写不好……"

闪转腾挪间，他案上的书山轰然倒塌。我差点忘记，他今年要参加中考！于是，我决定自己一个人写。

晚上，将睡之际，两颗智齿骤然"谋反"，一跳一跳地痛。接着，头、耳朵、咽喉都加入"叛军"行列。我狼狈不堪，准备先哭一场再说。儿子赶紧来帮忙，止痛片、温开水、冰块，都不见效。

他挠挠头，俯在我耳边说："我同意加入 2AS 的新行动了！"

我问："你不害怕啦？"

他腼腆地笑："两个人在一起，会胆大一些。"

我拍拍脸："咦？好神奇啊，竟然不太疼了！"

立夏。我们字斟句酌地修改着文稿。自然，他的那部分文字被我要求一改再改。

他战战兢兢，再三问："我会不会拖累你，会不会让大家失望，会不会……"

我没有回答他的十条"会不会"，只是轻轻握住他的手。怎么会呢？最初，这些稚拙的文字，是拿来给妈妈治牙痛的一个偏方呀！

当夏日的风吹蓝天空时，传说连沙粒都会在月色里弹琴。而 2AS 组合，是两只小小的虫子，站在清晨的草叶上合唱。也许，我们以最大的勇气唱出的，也只是小小的声音，可你一定能听出那自心底发出的诚意，听出爱、希望以及生之欢愉。

其实，每个家庭都有一个这样的组合。他们以不同的方式唱歌，从白露、秋分，唱至雨水、惊蛰；将沙粒唱成圆润的珍珠，将碎裂的葡萄唱成红酒。人世纵是百转千回，可歌声抵达之处生生不息。

亲爱的，你——也是那个唱歌的人吧？

谢谢所有看见这文字的眼睛，所有听见这歌声的耳朵，以及那些轻轻揭开书页的手指。云与云握手，树叶与树叶击掌，你的目光照亮了这些文字。

谢谢你！

# 如果你身旁有这样一个小女孩

一凡（儿子）

我告诉妈妈："也许，大家并不要看一个中等生的文字。"

妈妈回答："可是，现在我们给大家看的是'两个'中等生的文字！"

我是说，人们可能更想看到一个少年天才的经历。比如，五岁能上大学，九岁会编写程序，十二岁就已享誉全球。每个人都想知道超人形成的秘密，然后复制他们。

妈妈说："这世上普通人更多，我们有更多共同关注的话题以及秘密。"

是的，我也有一个秘密想告诉你。

很小的时候，我觉得妈妈真是个厉害的大人：她敢站在滋啦啦响的油锅前炒菜；在水管爆裂的瞬间，将震惊的我藏在怀里；仅用一早晨的时间，就把凌乱的家变得秩序井然，令家具闪闪发光，我猜连神仙都想住在里面。那时，我觉得妈妈真是智慧无穷，勇气无穷，简直是无所不能。

稍稍长大以后，我开始怀疑妈妈的身份。

在参加婚宴的时候，她会带着我悄悄溜出来，跟路边的小孩玩吹泡泡，玩到不想回家。有个三岁半的小朋友很喜欢妈妈，告诉了她他的姓名、住址以及电话，并将自己所有家人的姓名背诵了一遍。小朋友又问妈妈："你叫什么名字，住哪里，电话是多少，你爸爸妈妈叫什么名字？"妈妈竟也一字不漏地认真背诵，连一丝敷衍都没有。最神奇的是，在公园里，餐馆里，甚至街道上，都会有陌生婴儿冲她微笑，并张开手要她抱抱。我问妈妈："小孩为什么会冲你笑？"她老老实实地回答："是我先对他们笑的！"

我不禁怀疑，她或许跟我们一样，也是个小孩，只不过藏在大人们中间；如果不留心，是看不出来的。

渐渐地，我掌握了越来越多的线索：妈妈爱感冒，但却害怕吃药；她不记得走过的路；搬不动重的东西；她的喜怒哀乐，任何人都可以一眼看出来。我终于发现，原来妈妈也是一个小孩！

当我发现真相后，在她生病时，我会劝她吃药，并表扬她的勇敢；我替她记住回家的路，有时甚至为她画一幅小小的简易地图；当她提着一堆重物的时候，帮她分担手上提的重物；在她生气的时候逗她笑。我一口一口吃光她推荐的苦瓜，喝她烧的没有味道的白开水，看她给我买的漫画书。我愿意在另一个小孩面前，表现我全部的友爱和宽容。

她果然是个小孩，那么容易开心：一支棒棒糖，一片在路上捡到的红树叶，一个快要融化的雪球，都能让她笑到眯起眼睛。我很喜欢看到这样的笑，那是我第一次认清幸福的模样。

吃着妈妈做的饭，跟妈妈一起打篮球，我的身高不断增加——到妈妈的第二颗纽扣了，到妈妈的耳郭了，跟妈妈一样高了……

现在，我比妈妈高十厘米，在我们的合影里，她更像一个小女孩。她仍然是原来的样子：喜欢笑，喜欢小孩，喜欢花。她似乎，一点也没有长大。

如果你身旁有这样一个小女孩，即使她长到八十岁，也要夸赞她聪明、美丽，在这世上无人能替代。

如果你身旁有这样一个小女孩，请照顾她，宽容她，令她快乐，让她住在她的童话里，一辈子。

目　　　录

# Contents

● ● ● ● ●

爱 , 让 我 们
彼 此 听 见

# Contents

Chapter **3**

## 你是我最好的朋友

Chapter **4**

## 爱，让我们彼此听见

*Chapter* **5**

# 人生因你而明亮

*Postscript* 后记

"妈妈，我是差生吗？"

"当然不是了，你喜欢学习，只是比其他孩子要慢一些学会而已。"

"妈妈，如果我努力了，但还是落在别人后面，你会不会觉得我很笨？"

"如果妈妈比其他孩子的妈妈笨，你会不会不喜欢妈妈？"

"当然不会啦，你是我妈妈，独一无二的！"

# Chapter 1

# 成绩与分数

# 晚起的鸟儿也会有虫吃

♥ 继荣

草莓虽然都躺在阳光的怀抱里，但有的先熟，有的后熟；还有些正午时粉红，日落时才变深红。只要不急着摘，每颗草莓都能长得又红又甜。

　　儿子说话比较晚，比他小的孩子，早像黄莺般开唱了，他那张花瓣样的嘴巴，功能还仅限于吃饭。医生说他一切正常，无须担忧。

　　见我一脸轻松，好友谆谆告诫："你要逼他出声，不讲话不给东西吃！"

　　我惊叹："那岂不是马戏团训鹦鹉？"

　　朋友正色道："我侄儿这么大时，都已经会背古诗、数数字了，你儿子开发出什么潜能了？"

　　我忍住笑："我又不是开发商，急什么！"

　　她恨铁不成钢地看着我："早起的鸟儿有虫吃！"

　　我镇定地回答："晚起的鸟儿也会有虫吃的。"

　　两岁生日那天，儿子迫不及待地攀上椅子，啊呜啊呜地冲向蛋糕。一不小心，摔到桌底。他除了吱哇哇怪叫，竟然很清楚地说："蛋糕还没吃呢，下巴都磕疼了！"真奇怪，从这天起，他就开始了语言的表达。

　　我颇为遗憾地想：那种咬字不清的稚拙，那种香香糯糯的叠字，怎么就给省略了呢？

儿子上学了，每天的接接送送，都有无限乐趣。进校门之前，他会庄严宣称："我去拯救阿尔法星球了，妈妈保重！"出校门之后，我会俯身拥抱他："我谨代表妈妈，欢迎你回地球！"当然，台词的更新，要看近期热播的动画片是什么。

而一次普通测验，竟让我们的快乐拐了个弯。

那天放学后，家长询问成绩的声音在人群中此起彼伏。一位母亲在发怒："别人能考满分，你为什么不能？别人用大脑思考，难道你是用胃思考？"我与儿子面面相觑。

那战战兢兢的小女孩，忽然发现了儿子，即刻像见到棒棒糖般笑得两眼放光："他是我同桌，我考了九十九分，他才七十分！"

那位母亲愈发气恼："你为什么不跟好的比，偏要跟差的比？"她气咻咻地疾走，小女孩小跑着在后面追。

儿子拉拉我的衣角："妈妈，我是差生吗？"

看着他清水般的眼睛，我若无其事地摇摇头："当然不是了。你喜欢学习，只是比其他孩子要慢一些学会而已。"

儿子舒一口气，但又忽然低下头来，很难过的样子："妈妈，如果我努力了，但还是落在别人后面，你会不会觉得我很笨？"

我立即伸出手来，轻轻抚摸儿子的头，微笑着说："如果妈妈比其他孩子的妈妈笨，你会不会不喜欢妈妈？"

"当然不会啦，你是我妈妈，独一无二的！"儿子立即大声说。

我们俩忍不住相视而笑，一起牵着手向家走。

晚上，我们一起看考卷。

儿子指着错题："这一道我不会，这一道看错了，这一道……"他有些难为情，"我是故意做错的。"

我看题："有七颗草莓，妹妹吃了四颗，还剩几颗？"

儿子的回答是：还有满满一盒。

他挠挠头："我想让我的草莓，怎么吃也吃不完。"

我乐不可支，如果有颗草莓般的童心，在数学试卷上也能漫游仙境。其实，他真正不会做的题目只有一道，现在，一道也没有了。

又要考试了，临睡前，我听见儿子在叹息。他轻轻问："妈妈，班里许多同学听写都是满分，得到老师表扬，我为什么不能像他们一样？"

我认真想了想，才回答："还记得上次去草莓园吗？果园里的爷爷说，虽然同样躺在阳光怀里，可有的果实先熟，有的后熟；还有些正午时粉红，日落时才变深红……"

儿子抢着说："爷爷还说，只要不急着摘，每颗都能长到又红又甜。"

我点点头："你也是一颗草莓，慢慢长吧，有一天，你也会成为一颗成熟的甜美的红草莓。"

月光下，儿子的脸上洋溢着满满的笑："妈妈，我要是可以长成会魔法的草莓，可以让妈妈一直有吃不完的甜草莓，那该有多好啊！"

我轻轻地吻了吻他的脸："那需要更长的时间，不过只要你努力学习，将来会让妈妈有吃不完的甜草莓的。"

儿子心满意足地合上眼睛，嘴里喃喃自语着，慢慢进入他可爱的梦中。我站起身，轻轻地离开他的床，走出他的房间。

站在家中的客厅里，闻到风中淡淡的枣花香，我不由得想起这些日子，家中所有的亲人们——孩子的爷爷奶奶、叔叔阿姨，都频频询问他的成绩。听到答案后，大家都颇为失望。继而有建议加强营养，多吃健脑食品的；有主张请家教或参加学校辅导的；有提醒我向优等生家长取经的……今天，我还收到了孩子的姑姑快递来的一包书：《如何快速提高孩子的成绩》《小状元习题集》《让孩子永远做第一》……

此时，我坐在客厅的沙发上，轻轻抚摸着这些书光滑的封面：我不知道是该把这些书交给儿子，让他早早就结束童年无忧无虑的快乐，用更多的时间去学会并掌握这些考试技巧，还是顺其自然，让我的孩子也成为一颗比别家孩子晚熟的"红草莓"？

多日不见的儿子的姑姑，忽然风风火火地闯了进来："我听说宝宝成绩很差！"

我戏谑道："影响你登方舟啦？"

她娇嗔道："你我算老几？高分才是小孩的方舟！"

"原来分数面前，六亲不认。"

对我的观点，儿子的姑姑嗤之以鼻："升学、求职，哪一关逃得过考试？好成绩就是护体神功，你看看我朋友的侄儿！"

原来她朋友的侄儿，真正是只早起的鸟儿，几乎是在不眠不歇地吃虫中长大成人的。任何偏题、难题、怪题都做过，小学、中学、大学全都考上了重点学校，每次考试稳居前三名，地地道道是一个听着喝彩声长大的天才儿童。

想到自己的儿子，我只好自嘲说："这孩子用掉的动力，足够支撑'阿波罗 13 号'飞往月球了，不知道以后可有余力返回地球？"

儿子的姑姑不以为然："亏你还是老师，你几时见过战无不胜的奥特曼在太空流浪？"

奥特曼是儿子与他的同龄孩子们最喜欢看的一部动画片中的主角。他姑姑的精辟回答，让我哑然。

她以"奥特曼哥哥"为例，拉过正在看漫画书的儿子，开始了谆谆教诲：什么满分才是王道，老师只喜欢聪明、考得好的孩子之类的话，从她口中不断地喷出。

儿子被她搂在怀中，似是而非地听着姑姑给他讲的"道理"，眼睛一眨一眨地望着我。

我无可奈何地对她说："你朋友的侄子是百年一见的奇人，不可复制。可是你侄子一凡，只是一个平凡，或者更贴切地说，是一个比别的孩子发展慢的孩子。你还是让他顺其自然地生长吧。他要是不成材，那也是他前世的修行不够。"

儿子的姑姑冲着我白了白眼："天底下有你这样的妈妈吗？"她向我挥手喝道："你这个蜗牛妈妈让开！"又气魄非凡地转向儿子："下次如果得满分，姑姑会给奖品。说！想要什么？"

儿子笑得眼睛弯弯，立即回答道："我要最新款的滑板，我们班小胖就有一个。还有，我想要最大的变形金刚……"

我有些郁闷地站起来，试图把儿子从她怀里拉出来。

儿子看着我不高兴的脸，停止诉说他向往已久的玩具清单，自觉地从姑姑怀里钻了出来。"妈妈！"他怯怯地低声喊我。

孩子的姑姑可能也感觉到一些不自在，找了个理由，饭也没吃便离开了。

不知是姑姑的礼物刺激了儿子的潜能，抑或是她宣扬的道理被儿子接受了，隔了一周，儿子在小考中当真得了个满分。

周五晚上，孩子的姑姑来了，可是却失去了旧时的神采，见到儿子也没有大呼小叫，而是咕咚一声倒在沙发上。推她，不动；问她，不语。

我只好谈起她最热衷的话题："最近，奥特曼哥哥可好？"

她立即面色黯淡："他打算退学了！"

原来，上了名牌大学后，这位"奥特曼哥哥"才发现，同学几乎个个身怀绝技，相比之下，他并没有什么突出之处。从原来众星捧月的位置，一下子坠落谷底，这使他无论如何也没办法适应。他甚至都不懂如何与室友友好相处，不知怎样安排周末，学习成绩再也没办法名居榜首。

这位"奥特曼"对大学彻底地灰心失望了，决定放弃这所他从小便为之奋斗的名牌大学。父母与亲戚朋友苦口婆心地劝说，他非但不接受，反而说自己本来就不是个天才，家人又将他的原生态破坏殆尽，所有"原始森林"被砍伐改种，叫他找不到真实的自己。

孩子的姑姑转述到最后，忍不住加了一句："这只没有良心的'小怪兽'！"

我听了忍不住哈哈大笑："这孩子说得没错啊！世上哪有那么多天才？都是父母望子成龙、望女成凤逼出来的。真正的天才是自发的，比如爱因斯坦……"

"还有爱迪生！"儿子在旁边接口道。

儿子从房间的抽屉里取出珍藏的满分试卷，递给姑姑："姑姑，你看，我考了一个满分！"

姑姑有些不好意思地低下头，拍了拍儿子的肩膀，想起上次自己的承诺，不知该如何是好。

儿子好像看懂了她的心思，笑着搂着她的脖子撒娇："姑姑，我不要奥特曼，也不要滑板，我就是想让你和妈妈知道，我并不笨！"

他姑姑笑着搂紧他："呵呵，我们家的一凡，不要去做什么奥特曼了，但是也别成为没良心的小怪兽哦！"

儿子不解地问："什么小怪兽？"

我和他姑姑不由相视大笑。


那天，为完成一项作业，儿子的同桌来我家看蝴蝶标本。临走时，儿子提议出去玩一会儿。

女孩像个小大人似的摇摇头："妈妈说，只有星期天才可以玩，平时要在家里温习功课，这样才是好孩子。"

儿子笑着说："楼下的草坪里有好多蝴蝶呢！八瓣梅现在也开得最好，要是等到星期天，你就看不到啦。"

女孩想了想，有些犹豫不决地望着我。

我拍了拍他们俩的肩膀说："去吧，玩一会儿，算是休息大脑。大脑也要呼吸新鲜的空气，才能更健康。"

女孩立即笑逐颜开。儿子拉起她的手，两个孩子蹦蹦跳跳地走出家门。在花丛中，他们手舞足蹈地一边玩，一边唱歌。

　　唱着唱着，女孩忽然说："我妈妈说，我将来会得到奥斯卡奖，她说她都想好了获奖感言。"

　　我有些难以置信。小女孩看着我与儿子，声情并茂地开始演讲："这次获奖，我要深深地感谢一直支持我，给我勇气和力量的爸爸妈妈！"

　　儿子立即顽皮地一鞠躬，模仿着她的语调："这次获奖，我要深深地感谢一直支持我，给我勇气和力量的……我自己！"

　　我和那个女孩忍不住哈哈大笑起来。一只蝴蝶，悄悄地落在儿子的肩上。

# 我爱考试

❤ 一凡

那可以滑冰、打雪球的美妙寒假，可以采摘香甜果子的悠悠暑假，都是以每次的期末考试来预告的。

从小我就喜欢考试。每次等待考试，就像等待过年。虽然没有压岁钱可拿，没有新衣服可穿，可对我来说，考试就像是个令人兴奋的节日。没有人知道我为什么喜欢考试，这是我自己的秘密。

记得妈妈说过，好东西要与人分享。我忍不住想把我的快乐找一个朋友分享。

我最先想到的是我的同桌小峰。我们上幼儿园时就志趣相投：一起把零食埋在雪地里，过几天再挖出来吃；曾经一起商量离家出走，可到现在也没有实施过；上小学后，我们共同热爱篮球、足球、蜡笔小新；甚至每次考试，我们俩分数都不相上下。我猜，他一定与我一样热爱考试。

没想到，听了我的话，小峰把头摇得像个拨浪鼓，竟然对我说，他对考试深恶痛绝。"傻瓜才会喜欢考试呢！"他大声对我说。我听了，失望地转个身离开。

我想起了我的表哥，他一定喜欢考试。

于是有一天，趁他在树林里背单词时，我跑过去认真地问他："哥哥，你喜欢考试吗？"

我原以为他一定会脱口而出说喜欢。谁知我刚说完，他就干脆利落地回答我："不！我不喜欢考试！"然后靠着树干，继续背单词。好像那棵树是棵英语树，靠在上面就能迅速背会单词。

我觉得他一定是在骗我，要不就是根本没听清我问的是什么。我生气地趁他不备，伸手想把他手中的书夺走。

他仍紧紧地拿着书，看都不看我一眼，目光仍在书上。

我有些气恼，但又不甘心就这样走，于是抓住他的手，冲他大声说："哥，你每次考试都考得那么好，天天都忙着学习，为什么还说不喜欢考试？"

哥哥将英语书扣在脸上，想了想："我真的不喜欢考试，我讨厌考试！讨厌死了！"哥哥的脸，变成了一本厚厚的书，看不到喜怒哀乐。

我凑上去，刨根问底："那你喜欢什么？"

他将书放低一点，只露出两只眼睛，望着远处的天空，悠悠地说："至少目前我不知道。"

我望着他那黑白分明的眼睛，冷冷的，像极了爸爸围棋盒里的棋子：它们镶嵌在书本上方，下面是一排英文书名，让我有种说不出的震动。

不知为什么，我有一种想哭的感觉：难道哥哥的心里，冬天多一些，春天少一些，而且根本就没有火热的夏天？

忽然，哥哥转身走了，走得很快，满树的花急急地开，都赶不上他的脚步。

我跟在他身后，大声喊："哥哥！哥哥！"

他往杏树林深处走去，因为走得急，碰落了无数的杏花，纷纷扬扬地落下。他也不管，只是越走越快，很快就消失了。我知道，哥哥不是不喜欢我，而是不喜欢考试。

我把我的不快乐告诉了同桌。他又给我出主意："也许，那些性格开朗、大大咧咧的同学会喜欢吧！看他们口味多，没准生冷不忌。"

我的同桌小峰是一个语言表达能力特别强的人，从他的口中总会蹦出各种各样有趣的词语。他说他将来要去说评书，穿一件长衫，摇一把画着水墨画的扇子，在中午的电视频道里，为大家讲故事。可是老师却说，那可要好好学习，考上好的大学，才能实现愿望。小峰很想实现他的愿望，可是他一点都不喜欢考试。

于是，我找到了一位外号"卓别林"的同学。我一问他是否喜欢考试，他的幽默感立刻消失得无影无踪，那些搞笑的动作也通通不见了。几秒内，他就变成一个愁眉苦脸的人："我太不喜欢考试了。其实考试本身倒是其次，最最关键的是考试后的家长会，那才是考试的主菜。考试过后，我要动用全部智力和耐心，发挥一切表演天赋，去面对我的爸爸妈妈。你别指望什么人或神为你解围。如果成绩不好，亲人会集体翻脸，联手清理门户。"

他做了个鬼脸，稍稍恢复了活跃："举个例子吧，上次期末考试后，我爸爸成了我家的'武将'，先将一个大橙子向我砸了过来，我头一偏，橙子砸得满墙汁水。打那以后，我对橙子的颜色和气味都反胃极了。而我妈妈则成为'文臣'，不停地对我谈古论今，列举了无数有成就的人，也不让我睡觉，一直教育我到凌晨。"

"卓别林"哈哈笑着："这就是考试后遗症，我这辈子都不想考试。"

我伤心地离开"卓别林"，回到自己的书桌前。

我现在有点明白，为什么许多孩子都不喜欢考试了。哥哥不喜欢考试，是因为他为了考试，不得不将一切都抛开；而"卓别林"因为考试，弄得自尊心伤痕累累。

可是我自己呢，为什么成绩一般还喜欢考试？

我对同桌说，我真是喜欢考试。因为一考试，就意味着快要放假了。想一想吧，**那可以滑冰、打雪球的美妙寒假，可以采摘**

**香甜果子的悠悠暑假，都是以每次的期末考试来预告的。**而且，考试的那几天，没有写不完的作业，没有枯燥的自习课，不用背着大书包穿梭于学校与家之间。相反，你只需要拿一个小小的袋子，装着所考科目的资料就好了。你说考试有多好？

"那么发榜以后呢？家长会以后呢？"同桌苦着脸追问。

我坦然地告诉他："我和我妈妈一起看卷子。"

他大笑起来："我也和妈妈一起看。每次她都手指错题，歇斯底里。看一题，骂一题，哭一题。然后就说，一把屎一把尿将我养大，没想到我这样不争气！"他讲到这里，忍不住呵呵地笑起来，"有一次，我还傻乎乎地问过我妈妈一句，'你干吗要用那么恶心的东西喂我，家里没有奶粉吗？'结果我妈差点拿起扫帚打我！"

我也忍不住，跟他一起哈哈大笑起来。

可是我喜欢跟妈妈一起看卷子。但是我看着可怜的同桌，什么都没有再说。我想起每次考试后，我跟妈妈一起看卷子的情形。

记得那是很久以前的一件事。那一次，我数学考了全班最低分，老师对我说，回家要让家长签字。

有个同学蛮有把握地对我说："就你这个分数，你妈妈一定会揍扁你！"

我害怕起来，便模仿妈妈的笔迹，自己在试卷上签上了妈妈的名字。可是看了看又觉得不像，于是又擦掉，再签。可是仔细看看，还是觉得一点也不像，于是又擦掉。这样反反复复地在试卷上擦了许多遍后，我只好把自己签了妈妈名字的试卷交给了老师。

结果，老师立即发现试卷上的伪造签名，非常生气地让我拿回家给妈妈看。

放学了，别的孩子早已经急着回家吃丰盛的晚餐，只有我犹犹豫豫地不敢回家。最后，我还是决定拿回家给妈妈看。没想到，妈妈看了分数并没有发火，当她看到第一页上的试题时，居然惊叹地说："一凡啊，你基础的题目都做对了，进步真大啊！"我拿不准这是不是讽刺我，因为第一页的题目实在太简单了。可我从前，的确是难题都能做对，简单的题却大面积出错。

她又翻开第二页，上面有大片尴尬的空白。

妈妈扭过头，看着我笑了："这次考试，你一定是决心要改掉粗心的毛病了。"

我疑惑地望着她："为什么？"

"你从第一道题就认认真真地做了。"妈妈笑着用食指弹了一下我的脑袋。

我有些惊奇，但的确是这样的。

妈妈继续说："你边做，边检查，直到确认没出任何差错，才开始做后面的试题。做到第五题时，你一定是来了兴趣，尝试用多种方法去解，但只有一种方法成功……"

我在考试时心里所想的每件事，都被她猜了出来。我开始佩服妈妈了，她真像我读的英国侦探小说里面的那个福尔摩斯。

妈妈继续说："你做完第一页时，已经完全沉醉在自己解题的乐趣中，忘记了这是在考试。所以，下面的题你都没来得及思考，就到了交卷时间了。"

我本来打算自己把这些考试的情形告诉妈妈的。还以为她一定不会相信呢！谁知，现在我还没说出口，妈妈已经通过我的试卷把前因后果都搞清楚了。

妈妈可真是神奇，我心里想什么，她都能够猜出来。

接着，妈妈给我时间，让我把试卷中因为时间不够用而来不及做完的题目做完，然后我把卷子交给了她。

她低着头，开始认真地计算分数。"一凡，你这次有很大的进步！如果时间安排得好的话，你一定能把整个试卷完成，而且拿一个不错的分数呢！"妈妈竟然得意扬扬地对我说。

我被妈妈的新"看卷"方法惊呆了：按妈妈的说法，比起上次考试，我不但没退步，反而进步了！我心里也乐开了花。

同桌惊奇地问："这就算完了？"

我笑着摇头说："没完呢！我妈妈还说，我这次考试就像古代小说里的游客，走路时贪看风景，一下子错过了宿头。可如果不看风景，那跟被押解有什么两样？至于速度，我迟早会跟上的，也许会比别人走得更快。如果自己觉得这不是一趟苦役，就很值得！"

同桌一脸的震惊，他欲举手鼓掌，又停下来："你这是编来骗我的话！"

我笑着向他保证："绝对是真的！"

他无限疑惑地问我："你妈妈为什么不生气、不骂人呢？她难道不是地球人的妈妈吗？我还以为天下所有的妈妈只要一看到孩子的成绩单不好，就会立即拉长了脸呢！"

"我们要能交换妈妈就好了！"同桌突发奇想地说出他的心愿来。

我笑着说："当然不行，妈妈怎么可以交换？但是我有一个主意，可以让我们的妈妈成为好朋友。"

同桌开心地使劲向我点头。

# 不是老天偏爱笨小孩

❤ 继荣

在浩渺的星海里，耀眼有耀眼的华美，朦胧有朦胧的温良。如果梦想不落，每一线光都能照亮人心、惊动岁月。

儿子是个拘谨沉默的孩子，无论你如何鼓励，只能逼出他一句话："不，我不行！"那闪躲的目光，缠绞的双手，下意识向后蹭的脚尖，就像陷在重围中的小鹿。

小小的人儿，也懂得苦恼，像模像样地叹着气："邻居哥哥说我胆子太小，只有易拉罐拉环那么大。"

我笑道："拉环一拉开，饮料都快乐得冒泡呢。万一有奖，那就更开心啦！"

他笑了一下，眼圈却红了："哥哥说，胆小的人都很笨，像我，将来一定什么事都做不成。"

我跟他讲："在三十年前，也有这样一个小孩，比你还要胆小。每逢客至，哥哥姐姐们大方上前，彬彬有礼，独有她会热汗涔涔地躲进菜园，守着一窝蚂蚁到黄昏。掌灯的时候，饥肠辘辘，却没有勇气进去，只能等着妈妈端来饭菜。上学时，她从不敢回答问题，老师也不责备，只温和地叫她坐下。"

儿子惊诧地问："那她长大了也不敢说话吗？"

我微笑："读中学时，她已在辩论赛上做主辩，被对方驳到丧失语言功能；刚刚工作时，她敢主持一台晚会，失败得四处找地缝钻；如今，她常常参加各类演讲大赛，得了半柜子奖状和奖杯。"

我拉开柜子，回头对儿子莞尔一笑："喏，你看！"

儿子先是一愣，接着破涕为笑，点着我的鼻尖："哈哈！那小孩原来是你！"

那的确是当年的我，像一片苔藓，羞涩地贴在地上，仿佛永远也没有勇气长高。而我周围的人，却允许我慢慢钻出石缝，从容地抬起头；允许我跌跌撞撞、鼻青脸肿，直到我也能在清晨的凉风里，举起自己的花穗，举起自己的梦想。

孩子低声喃喃："其实，我也有一个梦想……"

我俯耳过去，他说："这个拉环长大以后，想要飞到天上做星星。"

我惊喜道："是最亮的那颗吗？"

他想了一会儿，答："亮也行，不亮也行，只要是星星就好。"

**在浩渺的星海里，耀眼有耀眼的华美，朦胧有朦胧的温良。如果梦想不落，每一线光都能照亮人心、惊动岁月。**

这枚"拉环"终于出发了。因为胆气不足，信心不满，在他的旅途中，麻烦多过别人，辛苦多过别人。他的故事，注定比别人多些枝枝节节，多生几片鹅黄的叶子。

　　这个慢热的小孩，无论做什么事，总在一开始就阵脚大乱。就连学习吹泡泡、玩陀螺这些小游戏，都是抖抖索索，汗湿后背。仅仅一个系鞋带，他反反复复练习了很久。我有时候暗暗感叹，他用掉的时间和耐心，足够别人学会从鞋子里抽出源源不断的彩绸来。

　　耐心并非天赐，遇挫时，他会本能地选择逃避。

　　在他犹豫时，我会抢先提出放弃："这个拼图不用再拼了，反正少掉一只翅膀也不要紧，小鸟可以走回家去！"我吃力地挥动一只胳膊，学着鸟儿一跳一跳地向前挪。

　　他反而像一个小男子汉一样劝我："那太慢了，鸟妈妈会着急的！"

　　在他焦躁时，我会编个童话来缓解气氛。更多的时候，我愿意诚恳地说出内心的想法。

　　那天，他上了第一堂书法课。回到家，他满面郁悒，叫我看作业本上的C："今天老师讲，好的开端是成功的一半，可我的开端太糟糕了！"

　　我看着他手、脸和衣服上的墨渍，温和地说："那么，坏的开端也只是失败的一半。如果肯花力气，C不会黏住你不放。"

　　他虽半信半疑，却也肯接受我的建议，老老实实地继续练字。到了学期末，老师夸他有书法天分。

他将额头抵住我的膝盖："妈妈，你说世界上真的有天赋吗？"

我几乎是开怀大笑，揉着儿子的头，大声说："我不相信天赋，我只相信我的儿子勤能补拙。"

他笑道："我是会变身的 ABC，我要黏住你不放！"

我做惊慌逃跑状，他用力拖住我的双脚，几乎笑软在地上。

这些关于成绩的迂回曲折的变身，虽未让他变得智勇双全，可也让我们的生活趣味良多。

他的口头禅是："数学很难，语文也难，英语最难啦！但我是不败将军。"

每次听写的时候，他必会呼吸不匀、两手冰凉，战战兢兢写完之后，会再三细看，不停摇头："肯定错光了，肯定！你看吧！"

如果题目全答对了，他便大喜过望，几乎要翻跟头庆祝；若是错得很多，他会拍拍胸口，长嘘一口气："我就知道我很笨！"然后一丝不苟地改正，继而惊叹："我比刚才更聪明了啊！"

邻居弟弟被他的乐观所震撼，逢人必说："那个小哥哥，是我最最崇拜的人！"

他总是喜欢跟比他小的孩子玩，我笑他："这样是不是更容易找到自信？"

他连连摇头："我好崇拜那些小朋友，他们才厉害呢！"

我有点吃惊。他告诉我，上次感冒在医院里打点滴时，邻床那个三岁的小妹妹，针扎在小脚丫上，泪还未干，就指着架子上的两瓶药液自语："这一瓶是眼泪，那一瓶也是，它们一滴一滴，哭进我的脚里，我的病就好啦！"

儿子感慨："妈妈，小时候，我总是听你给我读诗。但是，这个小妹妹的话，却是我听过的最好的诗！"

我顿时怔住，当时我明明也在场，却以一颗封闭的心，错过了小孩子最纯真的优美诗句。而儿子这个看上去笨笨的小孩，却以一颗虔诚之心，于病房之中听到了花开的声音。

我知道，不是老天偏爱笨小孩，是笨小孩更偏爱努力。

学校要开运动会了，许多同学当场就报了项目，儿子却畏手畏脚，说要再想想。

回到家，他仰着头，挨个扳手指头："长跑很有意思，可我总落在后面，何况有同学跑得像兔子那么快，而且中途从不睡觉；短跑我也喜欢，可体育老师说我起跑太慢；跳远呢，我总是跳得太近……"

看他忧虑重重的样子，我笑着给他提建议："跳高好不好？我觉得你可以试试。"

他摆摆手："妈妈，你别捣乱！上跳高课时，我得了感冒，没有参加过训练，至今连跳高的基本要领都不会呢！"

犹豫了好多天，在老师和同学的不断催促下，最后他决定参加短跑。

每天放学后，他都要去林荫道上锻炼一阵，累得直吐舌头。

我鼓励他："汗水就是通行证嘛，你起跑已近似起飞了！"

他根本不上当，躺在厚厚的落叶上，对着白杨树喊："麻雀，麻雀，马上就要预赛了，我还是很差，能不能不去参加比赛啊？"

我捏起嗓子，装成麻雀回答："一凡，一凡，有位名人说过，我的字典里没有'放弃'二字！"

他跳起来，大声说："我的借给他，就是那本蓝皮的《小学生字典》！"

我们笑起来，惊飞了一群麻雀。

预赛那天，寒流突袭。更糟糕的是，不知哪个环节出现了失误，他的名字不在短跑组，竟悲剧性地出现在跳高组。

沮丧的他，来到赛场，看那些高手们帅帅地试跳。这一瞬间，他突然爱上了这项运动。他羡慕地张着嘴，眼睛眨也不眨，还情不自禁地模仿别人的动作。他的笨拙和傻气，把周围的人都逗笑了。

　　裁判员老师后来告诉我，当时儿子热烈地鼓掌，大声地喝彩，跑前跑后地为每位选手加油，替同学拿外套、送水。因为都是小孩子，大家很快就成了朋友。在得知他的遭遇后，同学们纷纷为他打气。那个跳得最高的同学，还将他拉到一边，说出自己的独门秘诀。

　　终于轮到儿子上场了，看着他茫然的眼神，发抖的双腿，所有人都屏住呼吸，不敢出气。

　　年轻的裁判老师冲他竖起大拇指："别怕！就算是最后一名，你也是我们的骄傲！"此时，每个人都竖起拇指，向这个注定垫底的同学致意。

　　北风愈来愈猛，愈来愈凉。校园广播里，播放着跳高组全体成员为他点的歌："咸鱼就算翻身，还是只咸鱼，输得也诚恳。至少到最后，我还有咸鱼不腐烂的自尊！"

　　同学们拍着手合唱："做我的英雄，做我的天空，我知道你懂，知道你会懂……"

　　在那一刻，儿子的心忽然变得坚定起来。他全心全意、聚精会神地先跳过挡在心里的横杆，再跳过挡在眼前的横杆，就算是最后一名，也要拿出第一名的诚意！

　　然而，谁都没想到，他居然拿到了第四名，冲进了决赛！

　　得到最多拥抱和掌声的他，梦游一般，逐个追问那些尖叫、跳跃的同学："我真的真的真的能参加决赛了吗？"

　　在一遍遍得到确认后，他将汗湿的帽子抛出去，将外套抛出去，张开双手，随着漫天的落叶，在操场上飞奔。

　　当晚，信心满满的儿子忽然开始打喷嚏、咽喉肿痛、发烧。

　　医生告诫他："你不能参加决赛了！"

　　他得意地回答医生："我从一开始就知道，你到现在才知道！"

　　医生咋舌，只是笑。

　　第二天打完点滴，我们路过学校。操场上人声喧嚷，儿子站在围墙外面，遥遥地向队友挥手。没有人注意到他，他兴奋地叫着、跳着，喊着每位队友的名字。风过处，落叶飘摇，仿佛满眼都是金灿灿的奖牌。谁又能说他没有参加决赛呢？

# 那些神奇的答案

❤ 一凡

感谢妈妈，她能看到我心的角角落落，懂得我的喜怒哀乐，所以才能在我心情最烦闷的时候，赠送给我那样一份特殊的礼物，让我在瞬间恢复快乐和自信。

　　今天放学回家，我心里很恼火，看见什么都想踢一脚，风刮过来也想咬一口。我甚至想像卡通片中的怪兽，将两棵大树连根拔起，然后对撞。

　　可是，偏偏这时跑来一只瘦瘦癯癯的流浪猫，喵呜喵呜地蹭我的裤子，还用可怜的眼睛看着我。我知道它饿了，勉强压住满腔怒火，在书包里掏来掏去，找到一根火腿肠，掰碎了给它吃。

　　上楼的时候，由于心不在焉，我被绊了一跤，膝盖碰得很痛，心情更坏了。回到家，妈妈已经把晚饭准备好了，可是我一点也不想吃，又怕妈妈不高兴，就盛了一点点饭装样子。我把头埋在碗里，真想永远也不出来。

　　妈妈一定看出了我的难过，可是她并不问，只是陪我一起默默吃饭。她从来不在我心烦的时候逼我说原因，也不会絮絮叨叨，要帮我解决问题，她最明白我现在需要的是安静。其实，也没有什么天塌地陷的事情，就是作业多。

　　进了我的房间，我将要写的作业，一层层摆上去。作业越摆越高，我心里也越来越悲伤。那么多作业，我什么时候才能写完？我想看卡通片，我想看漫画书，我想看向同学借来的新小说，我就是不想写作业。

我很想痛痛快快地大哭一场，可又觉得不好意思。不知道为什么，总有几天情绪如此恶劣，自己无法控制。我把最难写、分量最大的作业放在最上面，把简单轻松的放在最下面。无奈地翻开练习册，我恶狠狠地写着，笔尖戳进纸里，仿佛拿的不是钢笔，而是刻刀。

妈妈进来了，看见我这样暴躁，她仍旧没有说话，只是把MP3放在桌上。我知道，她肯定给我拷贝了新歌。

我快快地打开外放，果然很好听。我长出一口气，觉得心里没有那么压抑了，伴着音乐开始写作业。

我写作业的速度并不慢，但不知为什么，感觉数学作业越写越多。写到最后几页，我觉得自己像是一座快要倒塌的房子，墙在摇，屋顶簌簌地掉土，就等着轰隆一声成为废墟。

我拼命告诉自己，坚持住呀，毕业生哪里有不辛苦的！不写作业，算什么英雄好汉！可偏偏有一道题目怎么也解不出来。

我关掉音乐，咬牙切齿地划破了几张演算纸，在练习册上捶了几拳，全都没有用。我气得倒在床上，做了几十个俯卧撑，又做了七八个鬼脸，再去看数学题，仍然找不到一点思路。打呵欠打到嘴酸之后，我知道，最可怕的瞌睡来了。

我拍脸、摇头、深呼吸，可眼睛就是睁不开。我几乎想大吼几声，可是快十二点了，吵醒邻居就难堪了。我只能去洗脸，边洗边祈祷："上帝啊，我现在太累了，你能不能帮我写作业呢？求你了，只写一次，以后我都会自己写。"

从镜子里，我看到自己皱巴巴的脸，眼睛灰着，就像下午遇到的那只小猫。我叹着气，回到房间，闭目三分钟，才有勇气看那堆"作业山"。

这时，我惊奇地发现，那道超级难做的数学题已经写好了答案；不仅如此，连后面的一张试卷也做完了。如果不是上帝，谁会那么神速地做完这些题目呢？

我的睡意一扫而光，兴奋地看着试卷。第一题是选择题，共有A、B、C、D四个选项，所选答案是"X"。我一下子笑出声来，我的天，这也太有创意了吧？再往下看，更让我笑出了眼泪——求一只桶的高，答案竟然是"用尺子量量就可以了啊，不用那么麻烦了"；紧接着有道题是求圆的直径，答案是"有锅盖那么长吧"，旁边还画着一只锅……我捂着肚子狂笑，从椅子上跌下来；爬上去，再跌下来，索性躺在地上笑。我像寻宝一般翻腾下面的作业，语文作业没做，历史作业没做，太失望了！

翻到物理作业时，我终于发现了惊喜："为什么火车上飞出的馒头能使行人受伤？"答："可能扔馒头的人武功太高；可能馒头里藏了暴雨梨花针；可能馒头过了保质期，引起食物中毒。"

还有一题："一块冰放在水里，冰融化之后，水面会发生什么变化？"答案是："冰没有了，只剩下水了。"

最后一道题是这样回答的："老师，我已经很累了，我想睡觉，对不起，老师晚安！"

看着这些天才答案，我一肚子的气也不知道去了哪里。这一刻，我变得神清气爽、精力充沛，简直能爬山、能游泳、能长跑，能完成和两座山一样高的作业。

我看看妈妈的卧室，灯已经熄灭了。但我知道，她一定没有睡。此刻，她肯定躲在被窝里笑得流眼泪、揉肚子。如果不是太晚了，我一定会跑去跟她一起笑，告诉她，下次再冒充上帝的时候，不要让我看出笔迹。

说来也真怪，我再看那道数学题，原来很简单啊，只须一个公式就能完成。妈妈是用铅笔替我写的，我真不想擦掉，可又不得不擦。我如果告诉老师，这是妈妈帮我写的作业，他肯定会替我量体温。

我一边笑，一边慢慢擦，想让这些有趣的答案多停留一些时间。我甚至故意留下了一些淡淡的痕迹，以证明这不是我的幻觉。

接下来，我的作业做得很顺利。我终于知道，**人在开心的时候，在不疲倦的时候，会变得特别聪明、特别自信，简直像个无所不能的超人。**

　　第二天，我忍不住告诉同学我的数学和物理作业的事，他们几乎笑到抽筋，人人开心得像要笑出花来。

　　**感谢妈妈，她能看到我心的角角落落，懂得我的喜怒哀乐，所以才能在我心情最烦闷的时候，赠送给我那样一份特殊的礼物，让我在瞬间恢复快乐和自信。**

　　妈妈却说："谢谢你能接受这样的礼物！我知道，你不会怪我在你的作业本上乱涂乱画。"妈妈似乎什么都知道。

　　可她也有不知道的事情。其实，当天下午放学时，有位同学早给了我各门功课的标准答案。只是，我将它们团在书包里，并没有去抄。

　　幸亏没抄啊，如果快快抄完标准答案，我怎么会得到这样一份永生难忘的快乐呢？

## 结语
# 春天去看一个人

● ● ● ● ● ●

儿子将一摞试卷排开，得意扬扬地叫："妈妈签字！"

灯光底下，我看了看卷子，又看了看儿子。自上学以来，他这次考的分数最低，表情也最夸张。

我不动声色地签了字，准备去洗碗。

儿子急了："妈妈别走呀！你没看到我考得多差吗？"

我看了他一眼，平静地点了点头。

他竟然满脸期盼地说："妈妈，给我一个惩罚吧！"

我回过身摸了摸儿子的头，没有发烧。

儿子拿开我的手，对我说："妈妈，我们班有一个成绩太差的同学，他的爸爸妈妈绞尽脑汁想办法提高他的成绩，先是带他去拜访什么高考状元、奥数冠军，然而均未奏效。于是，干脆又叫他跟着一位小哥哥送了两天快递，效果也还是不好。最后狠狠心，趁着放暑假的时候，让他去乡下帮亲戚种庄稼。没想到，这位'受惩罚'的同学不但不以为耻，反而在假期回来后向大家大大地炫耀了一番，这下可把我与其他同学羡慕坏了：这样的惩罚简直太有趣了！如果还考不好，明年就可以被送去可可托海了！"

儿子仍在无限遐想中，向我诉说着他的可可托海之梦：可可托海春天仍是冰天雪地，出门都是马拉雪橇。马身上结着冰霜，不管是棕马、红马还是黑马，最后都会变成白马……

最后，他有些难为情地嘀咕着："我也想在春天认识一个人，也想去可可托海……"

我望着儿子稚气又可爱的脸，不知该怎样向他解释这件事。

不过，我想首先要让孩子明白，这不是惩罚，是父母对他同学的一种教育方式。

然后我对他说："我们要认识的人很多，要去可可托海是一个很好的愿望，妈妈也想去呢！但是去那里可不要以惩罚的方式，那样妈妈与一凡都会感到不开心的。"

儿子像个小大人似的，点了点头。

＊＊＊

我最先让儿子去认识的，是一位网络上的叔叔，姓申，人称"哆啦Ａ梦男"。他在论坛里发了一个帖子，叫"我的手工制作"。带着几分好奇，我们一页页翻着帖子，慢慢接近这个陌生的叔叔。

他的文字朴实，有种清晨雨后的木叶香。他的博客里面讲了这样一件有趣的事：

　　一次，我在商场看到一枚特别宽的白金戒指，想买来送给我的女朋友。我壮着胆问了价，却无言。几个月后，单位改造自来水管道，我捡到一截一寸多长的钢管。看着那根钢管，我忽然把中指伸进去试了试，结果竟然挺合适的。下班后，我用记号笔沿钢管合适的等高圆周画线，用手边的半截锯条和一把锉刀，锯出戒指的雏形，然后又磨出凹槽和圆角，再用砂纸打磨、用牙膏抛光，最后在凹槽中缠上墨绿色的尼龙线。我的"白金戒指"完工了！

　　也许就材质而言，这个戒指并没有什么价值，但它是我亲手一点一点地打造出来的，为此我的手上还磨出了一个个血泡。所以我自己非常珍视它，并把它送给了女朋友。她什么也没说就戴在手指上。即使后来我有了钱，给她买了一枚真正的白金戒指，但她一直戴在手上的，仍是这枚不值钱的"白金戒指"。

　　我跟儿子一起欣赏着这枚戒指的照片，儿子不由赞叹道："妈妈，多美的戒指啊，即使戴在国王手上也很配呀！"

　　我笑着对他说："因为这是申叔叔亲手做的啊！如果换成是他从商店里买来的，会有这样与众不同的感受吗？"

　　儿子想了想，摇了摇头。

　　这位申叔叔的作品，真是令人眼花缭乱：手工的记事本、电扇、多功能储物盒、海洋动物拼图、切蛋器……真是应有尽有，每一样都美轮美奂。我和儿子都忍不住连连赞叹："这得花多少心血和功夫啊！"

通过与儿子一起阅读网上这位申叔叔的博客，我们学会拥有一颗热爱生活的心。**一颗勤劳的心，宛如康乃馨，饱含爱意与友善，释放温馨与浪漫。**申叔叔这样一个平凡朴实的人，却将平凡的日子写成了诗。

于是，未曾谋面的申叔叔成了儿子的好友。串联、并联、冷却、黄金分割法……儿子沉迷于申叔叔提到的这些让他感觉既陌生又好奇的词语。儿子跃跃欲试，想要为我做一条手链。

有一次，他大叫着说："妈妈，认识了申叔叔后我才知道，原来，知识根本不只是用来考试的！"

我笑了，问他："那么知识是用来干什么的呢？"

儿子笑着回答说："知识是用来寻找快乐的。所以我想学会所有知识，下次考试得全A！"

\*\*\*

于是，儿子开始更加努力地学习。考试前，他信心满满；可是成绩揭晓后，比上次还惨。那么努力，却换得如此结局！

他如遭灭顶之灾，坐在窗台上哽咽："我的人生全完了！快给我一个果酱面包，我要在这里等世界末日！"

我被儿子的话弄得哭笑不得。说实话，儿子其实是一个非常有幽默感的孩子，即使再不开心的事，从他的口中说出来，都会变得非常有趣。

我知道，**每个人都有软弱之时：顺风顺水，或许会生出一颗从容之心；逆风逆流，可能造就一个勇敢的灵魂。关键是无论何时，都要相信爱，相信希望。**

但是，这次我真的不知道要怎么做才好。我想起了孩子的班主任徐老师，于是给她打了求助电话。她建议我们去看一个人，这个人开着一家名叫"粥婆婆"的小店。

周末的时候，我跟儿子说，要去拜访一位老婆婆，儿子抑郁的表情中露出欢快的笑容，我们还带了一束鲜花去。

进了门，有个女孩正在喂一个老婆婆吃粥：吹吹凉，喂一口，然后夹片泡菜，再来一块碎饼，送进老婆婆的口中。那样子简直就像一位母亲对待婴儿。

这个女孩子热情地招呼我与儿子，告诉我们她已经接到了徐老师的电话。

儿子有些腼腆地走上前去，将花捧给女孩，禁不住睁大好奇的眼睛问道："客人你都要这样喂啊？"

女孩笑得弯下腰："当然不是，她不是客人，是我奶奶！"

这儿的粥和饼极为便宜，美味的泡菜和早晨的阳光则是免费的。我和儿子坐下来，一边吃着，一边与女孩聊起来。

　　女孩是唐山大地震幸存的孤儿，当年满身伤病，虚弱不堪；同时因为受到惊吓，连话都说不出来。多亏奶奶怜惜与关爱，将她接回来悉心照料。甚至当女孩都上中学了，奶奶还亲手给她缝肚兜。女孩的身体渐渐康复，奶奶开始教她煮粥，教她做泡菜。每一次祖孙俩煮粥、品粥的时候，老奶奶总会满脸笑得像一朵花般望着孙女，说将来一定要看着她出嫁，看着她生儿育女，看着她用奶奶教会她煮的粥与做的泡菜，带给身边每个人快乐。

　　说到这里，女孩的眼睛有些湿润，她轻轻地用手拂了拂了眼睛，继续说："奶奶说，要永远做我的护身符。"

　　儿子歪着头看着面前的女孩，羡慕地说："姐姐真幸福！不过，我也很幸福。"

　　女孩的黑眼珠里漾着笑意："你有护身符吗？"儿子自豪地拉着我的手："当然有！妈妈就是我永远的护身符！是不是，妈妈？"

　　我看着儿子可爱的笑脸，之前的愁云已经消失，于是欣然点头。

　　女孩望着我们母子，继续讲述她与奶奶的故事。

　　"去年，奶奶得了老年痴呆症，对我而言，这简直是第二次大地震。因为奶奶是我在世上唯一的亲人。一想到奶奶得了老年痴呆症，以后再也不能关心我，再也不能认出我就是她最疼爱的孙女，再也听不懂我跟她讲的那些心事，我就感觉万念俱灰。"

女孩讲到这里，顿了顿，清了下喉咙："其实那时候，我也不过是个大学刚刚毕业的毛孩子，本来正酝酿着做时装设计师的美梦。如果不是奶奶的病，可能我们就没有机会坐在这里一起喝粥、聊天。不过，我真的不后悔自己做出这样的决定。奶奶是我在世上唯一的亲人，还有什么比自己唯一的亲人更重要的呢？所以在经过反反复复的思考之后，我在这个街角开了家粥店。这样一来，既可以帮奶奶实现她一直想要把幸福美味的粥与泡菜带给身边人的愿望，又可以时时刻刻陪伴着她。"

儿子惊叹地望着女孩："姐姐你好勇敢哦，你现在成了奶奶的护身符了！"紧接着，他又坦率地问了面前这个女孩一个问题："可是，姐姐真的喜欢永远为别人煮粥吗？"

女孩笑着点点头，伸出手来，为儿子已经空了的碗中重新又添了粥："来这里吃粥的大都是老人，他们因为胃肠不好，消化功能已经很弱了。而且他们跟我奶奶一样，操劳一生，节俭一生，不愿去太贵太热闹的地方吃饭，所以兜兜转转就找到了我这里，只不过为觅一碗可心的粥，找个可以说话聊天的人。所以，我渐渐爱上的不仅仅是煮粥，而是用柔软的米粒、绵甜的果肉，体贴着老人们衰老的味蕾和唇齿；用嫩滑的蔬菜丁和碎肉，滋润着他们消化功能渐退的肠胃。让他们在发苍齿摇的晚年，啜一口粥，甜蜜地回忆起从前点点滴滴的往事。"

儿子快乐地从座位上站起来，拍着手大声说："好哦，好哦，我也要向姐姐学煮粥，让爸爸、妈妈、爷爷、奶奶、姑姑、叔叔，还有哥哥、姐姐们，都喜欢我煮的粥！每次喝我的粥都会很开心！"

女孩微笑着。不多会儿，粥店里的客人渐渐多起来，女孩将奶奶扶到店旁边的软椅上晒太阳，自己则束起围裙，开始忙碌起来。

春日的阳光，暖暖柔柔地抚慰着老奶奶苍老的面庞，但是那上面写满了幸福。

晚上，儿子的班主任徐老师打来电话，询问我们今天去粥店的收获。我与徐老师简单聊了几句，就把电话交给了儿子。

儿子在电话里面与徐老师说说笑笑，聊了很久。我只听见儿子调皮地对徐老师说："一次失败哪能打败我呀，至少得一亿次！"

他响亮的笑声，像一株大胆的常春藤，带着碧绿的嫩芽，爬进了一扇敞开的窗。我微笑着走进厨房。

不久之后，儿子竟然得了全 A。这是儿子上学以来第一次得到全 A，他兴奋得一进屋把鞋子一脱，立即跳上床："啦啦啦，啦啦啦！所有人都来找我签名吧！所有人都来给我送鲜花吧！"

我高兴地将冰箱里的一个莴苣权当鲜花，递向儿子，同时拥抱着他。

儿子忽然把他的头放在我的左肩上，悄悄地哭了。

我有些不解地问："刚刚拿到满分，为什么还哭鼻子？"

儿子吸了吸鼻涕，装作小大人似的说："我才没有哭呢，是鼻涕。呵呵，妈妈，我像小时候那样把鼻涕擦在你肩上了。"

我故意装作惊讶的样子，搂着他小小的身体，大声说："哦，原来还是一个没长大的流鼻涕小孩啊！"

儿子不好意思地在我的肩膀上笑起来。

＊＊＊

这个春天就要过去的时候，我们在一个偏远的小村庄，找到了早有所闻的"葡萄叔叔"的家。阳光金汁般流遍"葡萄叔叔"家的小院，院子里仿佛在大阅兵，摆满了瓶瓶罐罐，里面都栽种着葡萄苗。这位神奇的叔叔正忙着给幼苗浇水。儿子俯下身，向那琥珀般的绿芽问早安。一旁的叔叔忍不住呵呵地笑起来。

这位"葡萄叔叔"可不简单，他是全国闻名的优秀园艺师，虽然住在乡村十年了，但是研究出的许多葡萄品种声名远播。然而，他宁愿花时间与葡萄交流，却不愿拿出十分钟时间接受记者的采访。

我与儿子在这个神奇的葡萄园里穿梭，他的妻子则成为我们的义务解说员，不断地向我们介绍着每棵葡萄树的故事。儿子睁大眼睛，认真地看着每棵葡萄树，聚精会神地听着讲解。"这棵是玫瑰香，又大又甜；那棵是紫玛瑙，虽然个子小些，但是非常甜；那棵是绿水晶……"

每根葡萄藤上，都缀满了绿莹莹的新叶。虽然还没有结果实，可是只是听这些可爱的名字，我就觉得满口香甜。儿子像一只快乐的小鹿，一会儿溜到这棵葡萄树下低头看看，一会儿又跑到那一株旁仔细瞅瞅，兴奋不已。

太阳开始西沉的时候，我们要离开"葡萄叔叔"家了。此时，"葡萄叔叔"正在院子里拉小提琴，一只老猫蜷缩在他的脚边；葡萄茎芽在红彤彤的夕阳里舒展着，吸收着天地日月的精华和人间的快乐；而他顽皮的女儿，正往他衣服上涂着水彩。

回到家，儿子开始对种葡萄念念不忘，几乎是央求着说："妈妈，明年我们也在阳台上种葡萄吧？我长大了也想像'葡萄叔叔'一样，成为一个种植幸福葡萄的人！"

我笑着点了点他的头："真是小黑熊掰玉米，掰一个丢一个。这样的话，妈妈岂不是吃不上你做的粥了吗？"

儿子听了，挠着头皮，不好意思地笑了。

忽然，儿子转换了话题："妈妈，明年，我们可以去可可托海吗？"

我想了想，然后点头。

"妈妈，你真好！明年春天真好！"

在迢迢复迢迢的人生旅途上，没有谁是永远的导师和学生。我给他讲大人的大道理，他给我教小孩的小道理。钥匙能够打开锁，是因为钥匙最懂锁的心。这样两颗相互理解、尊重且信任的心，会如花园里轻盈的蝶，高于花朵，自在飞舞。

# Chapter 2

# 生活是一种态度

# 对孩子说"谢谢"

❤ 继荣

对孩子说"谢谢",是快乐的。看他眉毛弯弯,嘴角上扬,你会明白,这就是幸福的弧度;看他双眸晶莹,脸颊粉润,你会深深地知道,这就是幸福的光泽。

朋友偶尔在我家吃早餐，儿子像往常一样，为客人盛粥、剥鸡蛋。朋友竟握住儿子的手，连声道谢。

我和儿子都有些不习惯。平日里，有人夸儿子乖巧懂事，有人夸我教子有方，可这样郑重其事向一个小孩子道谢的，朋友还是第一个。

我笑着劝阻："好了，你是长辈，不用这么客气。"

朋友却认真地解释："长辈更要懂得感恩。"

我摆摆手："你越说越离谱了，感恩是孩子的事……"

朋友正色道："你讲错了，感恩是双向的！"

我看看表，欲言又止，再辩下去，大家都要迟到了。我送朋友到楼下，儿子忽然追了上来，他叫道："阿姨，您忘了拿文件袋！"

朋友愣了一下，蹲下来，揽住气喘吁吁的儿子说："宝贝，你知道这份文件对我有多重要吗？请接受我的感恩！"

晨风里，花香微微，很熟悉的香，我却怎么也想不起名字来。

晚上回到家，我接了个老同学的电话，不知不觉竟讲了很久。

放下电话，我便急忙冲进厨房，没想到儿子居然已经将米淘好了。现在，他正边洗菜边哼歌，脸上的酒窝若隐若现。

我摸摸他的头："老师奖你小红花了？"他含笑摇头。

我又问："你听写得满分了？"他还是神秘地摇头。

我愈发好奇："你们班得流动红旗了？"

儿子却仰起头笑问我："妈妈，阿姨什么时候再来我们家？"

看着我不解的目光，他轻声说："今天早晨，阿姨对我说感恩时，我特别开心，开心得要飞起来。"

我不禁感慨："那么多人都表扬过你，怎么没见你飞起来？"

儿子深深地吸了口气，眼里有梦幻般的笑意："那不一样！"

这句话，这个表情，刹那间击中了我的心。一时间，我竟说不出话来。

饭后，收到朋友的短信，说有邮件给我。于是，我看见了朋友转发过来的文章——《感恩是双向的》。

令我惊讶的是，这个故事中的孩子，几乎是儿子的缩影，父母们说话的口吻也如出一辙：

"为了你，妈妈才放弃那份工作的，你要听话哦！"

"为了给你买钢琴，爸爸不知加了多少班，你要好好练啊！"

"为了照顾你，爷爷奶奶操碎了心，你要有良心哪……"

不仅是我，身边的许多家长，也都是这样进行感恩教育的。

文中说："这些看似寻常的话语，会令孩子心生惶恐，认为自己是个大大的负担，凡事都是自己不好。"

难怪有一次上网，我随口说了句："今天的网速怎么那么慢？"身旁的儿子怯生生地问道："是因为我不乖吗？"

当时，一家人都笑得前仰后合。可谁会想到，这稚气的疑问里，藏着孩子多少说不出的惶恐。

**"当孩子对自己失望时，我们的教育已经失败了。即便他们暂时表现得很听话，那也是缘于压力，而不是爱。"**

这段话，令我惊心动魄。

没错，我常常听到有父母抱怨："这孩子从前那么乖巧听话，怎么长着长着就成小刺猬了呢？"

他们质疑学校教育，抨击网络弊端，甚至夫妻之间相互指责。可谁会想到，在那深灰的抑郁里，只能生长出锐利的尖刺，哪里能培育出温厚的感恩之心呢？

朋友在信末告诉我："父母也应怀有一颗谦逊之心，感谢这个小天使给家庭带来的快乐与希望；让孩子感受到，自己的生命也是芳香的。"

窗外，风摇树梢，那熟悉的花香再次袭来。这一夜，我无法入眠。

我找出从前给儿子拍的 DV，一点点从头看起。

刚满月时，他半眯着眼睛，嘟起圆圆的嘴唇吮吸奶瓶；八个月时，他在海洋球里笨拙地扑爬，皱着鼻子要哭不哭；十一个月时，虽然只有洋娃娃那样大，却已会坐在我的脚上荡秋千了……每一段时光，都如春水般柔软。

那年除夕，我们一家人去看焰火。人山人海里，小小的儿子搂着我的脖子，仰头唱："我是乖乖，妈妈爱爱！我是乖乖，爸爸爱爱……"所有亲友的称谓都唱完了，他仍不肯停，指着满天烟花和挤挤挨挨的人，继续唱："我是乖乖，花花爱爱！我是乖乖，大家爱爱！"

那一刻，满天的焰火，身边的人，都笑了。

原来，孩子就像雪域里最温柔的阳光，所到之处，雪融，花开。

我继续往下看着：爸爸感冒了，儿子要求钻到他肚子里，去把病毒打败；我午睡时，他轻轻拍我，唱道"宝宝乖，宝宝睡"；在老家过春节，鞭炮声里，他跑去给太奶奶发压岁钱，惹得一村人又是稀罕又是笑……

一段段看下去，我终于明白，**爱并不孤单，它如对生的叶**

**片，相依相偎。** 而大人们，总以为只有自己在开花。

而如今，儿子已没有了从前的娇憨。他小心翼翼，唯恐犯错，努力让大家满意，人却变得越来越沉默。若不是朋友提醒，我会认为，这就是"长大"。

感慨万千的我，郑重地回复朋友："谢谢你，我将学着做一个懂得感恩的母亲。"

我打算从说"谢谢"开始。当儿子给我端水、替我拿晚报时，甚至当他帮我系上围裙的带子时，都是道谢的最佳时机。谁知，这个简单的字眼，竟在舌尖上你推我搡，不肯出来。

那天，因为工作出了点失误，我极为沮丧。晚上回到家后，找一本参考书又找不着，恰好儿子说英语试卷要签字。

看到那两道错题时，我突然爆发，将一腔恼怒倾泻而出，声色俱厉地指责他的疏忽。

儿子怔住，小脸通红，泪光闪闪。我长叹一声，进卧室躺下了。

第二天早晨，我惊讶地发现，被我翻得乱七八糟的书柜，已经恢复了整齐。一本书立在柜前，旁边有张字条："妈妈，错题我都改好了，你要的那本书也找到了。"

这一刻，晨曦染窗，鸟鸣啾啾。

我忽然哽住，我想像我的朋友那样蹲下来，拥抱着我的孩子，向他说声"对不起"，说声"谢谢"。

虽然，这并不是我要找的那本书，可又有什么关系呢！我已从那张小小的纸条里，学到了感恩、宽容以及爱，并且有勇气表达出来。

打印文档时，我的手指被 A4 纸锋利的边缘割破，我感谢儿子的眼泪，还有他拿来的创可贴。那片温柔的创可贴能止血，而那关切的泪水却可止痛。

节食时，我感谢儿子的慷慨——将自己的巧克力送给我。他并不知道我为爱美而减肥，我却因他爱我而欣慰。

为工作不顺叹息时，我感谢儿子结结巴巴的笑话。他不能替我解决任何难题，却能令我有勇气去面对人生的一切困境。

对孩子说"谢谢"，是快乐的。

看他眉毛弯弯，嘴角上扬，你会明白，这就是幸福的弧度；看他双眸晶莹，脸颊粉润，你会深深地知道，这就是幸福的光泽。

儿子说："从前做家务、招呼客人，是因为怕妈妈生气；现在做这些，是因为自己开心，妈妈开心。"

两颗快乐的心，是会笑会闹的小水珠吧，滚动在岁月的荷叶上，圆润、澄澈、自在。

那天，我们去广场看花展，可没想到去得太迟，盛会已结束了。

我怏怏地站着，忽然，儿子举起手臂，将双臂环在头顶，侧过头嚷道："妈妈，看，这里有一朵牡丹！"

在熙熙攘攘的人流里，在喧哗的笑语里，我的儿子开成了一朵流光溢彩的牡丹。

我的心，忽地一震。我也模仿着儿子，缓缓举起手臂："看，这里还有一朵！"

天微蓝，云不动，我与儿子相视而笑。

他的花枝，紧挨着我的花枝；而我的花瓣，也触到了他的花瓣。

# 甜的!

♥ 一凡

妈妈说，人有时嘴里发苦，吃什么都是苦的，所以才会判断错误。妈妈又笑嘻嘻地问："刚才我让你离开电脑时，你的耳朵是不是也很苦？"我点头承认："可现在已经不苦了。"

今天早晨，我生妈妈气了。

我正骑着我的胖屁股五花马，穿着我拉风的战袍，跟队长呼朋引伴地去执行一个任务时，她忽然给我看表："你玩游戏的时间已经超过四十分钟了，去帮妈妈买点水果吧！"

妈妈怎么会理解，马儿翻动四蹄，仰天长嘶；我们热血沸腾，刀剑出鞘，就要去战场厮杀了。她却拉住我的马缰，要我脱下战袍，背弃兄弟，去闹哄哄的市场买水果。这让我怎么跟大家交代！

在玩家朋友常常交流的社区里，我知道，家长阻止小孩玩游戏，无非有两个版本。

第一是耐心劝说型："你该写作业了！"答："作业都写完了！"他们温和建议："那就去预习新课、复习旧课吧！"答："都弄完了！"他们循循善诱："学无止境，怎么会都弄完了呢？书山有路，学海无涯，一分耕耘，一分收获……"

您看，您看，但凡流传下来的千古名言，都是预备给家长教训孩子用的，听得人嘴里发苦，又没话辩驳。

第二是极力恐吓型："你坐太久了，眼睛会近视，戴个眼镜怎么打篮球？你的屁股会长痔疮，颈椎会出问题，手会得腱鞘炎……"总之，大串可怕的疾病都排着队在前面欢迎你。你只要再多玩那么一会儿，它们就会无声无息地钻进你的身体，永远跟你玩。而唯一的预防方式是离开电脑，一切就会万事大吉，一辈子钢筋铁骨，到一百岁还能去打 NBA。

玩家朋友还提供了几种对策：如果有人溺爱你，那就好了，打滚，号哭，嘴里乱喊乱叫；再配上绝食，绝水，效果会更好。

可我觉得那个形象太难看，根本不像绅士；即便是条小狗，也会注意自己的风度，何况我是个武士！再有，**妈妈虽深爱我，可绝不溺爱，我随地打滚，她只会笑到弯腰，夸我可爱，赞叹我前滚翻后滚翻都帅到家。**

还有人说：如果上述方法无效，可以有条件地讨好家长。帮助打扫房间，丢垃圾，给家长捶背敲腿，然后换取宝贵的玩游戏时间。

你应该早说，现在全迟了，妈妈从来也不稀罕。

我有空就会在她背上练习敲架子鼓，她说现在一躺下，肋骨就会自动播放各种摇滚乐，耳边还有欢呼声、呐喊声。

现在你知道了吧？妈妈的武功路数自成一家，你根本猜不透她的招数，也无从应对。你只能跟她讲真话，或许还有救。

于是，我慷慨激昂地申辩了一番。她并不反驳，只是温和地说："可我嘴里苦苦的，想吃那种很甜的水果。"

　　我知道，妈妈从不撒谎；即便谎言能非常简便地解决问题，她也不愿意。所以，我相信妈妈现在真的需要很甜的水果。我甚至来不及下线，就慌慌张张拿了钱跑出去了。

　　一出楼门，就觉得阳光分外刺眼，到处都金光闪闪的。不像我的网游里，大片大片铺天盖地的绿草地，开满粉色花朵的樱花树，河流湍急，山川险峻，配上扣人心弦的音乐，让人如入梦幻。想起这些，我又深深叹口气，现在队长——也是我的师父，正气急败坏地骂我吧！

　　眼睛很快适应了外面的光线，忽然听见叮叮当当的自行车铃声，一抬头，我禁不住笑起来：骑车的叔叔真是帅啊，买了几个鲜玉米，就装在衣兜里，露出金黄的须和翠绿的叶子。他还买了两辫子蒜呢，就那么挂在脖子上，吹着口哨向前骑。

　　我心情大好，发誓要买到整个早市最甜的水果。看到一个沧桑的老人守着一大堆枣，眼巴巴地看着身边来来往往的人，我顿时走不动了。这一点我跟妈妈相似，只要看见老人或小孩，就总想为他们做点什么。

　　我蹲下来，看那些油亮的枣子，它们呈现一种神秘的黑红，就像融进黑夜边缘的晚霞。

　　老人用家乡话说："枣子甜得很哪，甜得要命！"

　　我哈哈大笑，我只知道这世上毒药要命，现在还有枣子要命的！我没来由地信任他，他说是甜的，那就一定是甜的。你看，他往那里一坐，就像一部厚厚的历史书，字字句句都朴实而真切，他的意见比科学家还权威吧！

我乖乖地拿起袋子，准备装枣子，可自信的老人一定要请我先尝一颗。我没有在早市上吃东西的习惯，可他拍着我的肩，执意要我尝一颗。老人可能经常拍客人，虽慈祥地出手，力道仍然很足。我不敢拒绝，顺从地拿起一颗较小的枣子，擦干净，咬一口。老人连声问："甜吗？甜吗？"脸上是那种早就知道谜底的骄傲。

我立刻回答："嗯，甜……"

呸！那颗枣子被我吐了出来。我又窘又急地改口："……是酸的！"

老人柔声说："怎么会呢？你再尝一颗，尝颗大的！"

他亲手为我挑了其中的一个"皇帝"，不由分说地塞到我手里。我只好闭着眼睛，再咬一口，然后横下心来回答："真是酸的！"老人愣在当地，满脸惊讶，嘴里嘀嘀咕咕地说着什么。

我走也不是，留也不是，看着被自己糟蹋的两颗枣子，心里有说不出的歉意。我蹲下来，开始往袋子里装枣子，一把又一把。老人无奈地看着我，说不出话，自己拿一颗枣子，闷闷不乐地嚼起来。过秤，付钱，我提起袋子，逃一般地跑到卖葡萄的地方。

这一次，根据妈妈教给我的经验，我瞅准了那个维吾尔族老奶奶的葡萄：皮薄，色泽微黄，颗粒均匀。老奶奶汉语说得异常流利，热情地劝我尝一粒。她松弛却极灵活的脖子，做了个舞蹈动作："我自己种的，是整个早市最甜的葡萄！你多多尝，没关系！"

面对她孩子般等待夸赞的神态，我笑起来，再尝一颗："呸！呸！呸！好酸！"

老奶奶怔住了，她讪讪地捋下一把，赌气般塞进嘴里，委屈地说："甜的！甜的！"

我还是买了两袋，一袋无核白，一袋玫瑰红。

回到家来，洗干净，尝了一颗，顿时愣住："甜的！真甜啊！"我又赶紧尝了颗枣子："咦？也是甜的！可刚才是怎么一回事呢？"

我问妈妈，她说，人有时嘴里发苦，吃什么都是苦的，所以才会判断错误。

妈妈又笑嘻嘻地问："刚才我让你离开电脑时，你的耳朵是不是也很苦？"

我点头承认："可现在已经不苦了。"

真的，我已经不生气了。我明白妈妈确是善意，从一开始就明白，可仍然无法当时就接受。

妈妈开心地对我说："我已经替你完成任务了！你师父人真不

错，一步一步教我，每个问题都反反复复讲好几遍。你猜，他最后说什么？"

看妈妈得意扬扬，我假装生气："他是不是骂你很笨？那我明天就不给他当徒弟了！"

妈妈笑到眯起眼睛："他说，谢谢你帮助我们完成任务，你是我见过的家长里面，最优秀最开明的一个。"

啊！我跟师父那么久，还从来没得到过这样的夸奖呢！

又到了周末，我收到师父的留言，他把自己的账号送给我，说要准备考大学了。不过，师父最后一段话几乎令我崩溃："不要多玩哦，注意复习功课，注意视力，注意颈椎。还有，叫你妈妈也不要着迷网游呀！"

如果是昨天，我肯定会喊："师父啊师父，我白白崇拜了你那么久，你也不过是刚刚从《大话西游》里跑出来的唐僧而已！"

可现在，我心里竟有些感动了。去告诉妈妈，她兴高采烈地要求："那把你的账号送我吧，我可以向朋友炫耀自己无所不能！"

我劝道："你不能虚荣心太强！"

其实，我玩这个也是为了向人炫耀呀！

# 十一粒药和十九首歌

❤ 继荣

他那份彻彻底底的信任，让我眼睛湿润。看来，我要打个不爱生气的补丁，让自己升级到绿色乐观型妈妈，才配得上这份纯真。

放学后，儿子随口说，嗓子有点痛。

我一惊，宛如听见"狼来了"！我脑子轰轰作响，迅速闪过有关流感的新闻数据，全国几万例，而且很多都是中小学生！我做着饭，嘴上虽没说什么，可那份担忧，却以秒速增长。

午饭后，他小小的一个喷嚏，又令我大大地一震："感冒了！你真感冒了！"

面对我的过激反应，孩子轻描淡写："只是嗓子疼，可能是上周喝开水烫着了。"他摊开书本写作业，不打算再跟我讨论这个话题。

我紧追不舍，反复求证：就算饭太烫，都好几天了，身体应该基本修复，怎么还在报警？如果嗓子痛之后，再来个发烧，那可是豺狼虎豹全来了。

我翻开抽屉，找出一大堆治感冒治嗓子痛的药，在他面前摆成一座药塔，简洁地下令："吃！"

他转过头，黑黑的眼珠盯着我，干脆而明白地拒绝："不！"

我不甘心，凝神盯着他。

他疑惑地问："你在做什么？"

我答："我在发功，要自动打开你手边那两支棒棒糖的糖纸。"

他转过头，看那两支圆滚滚的棒棒糖：一支是橘子味的，一支是青苹果味的，正被糖纸裹得透不过气来，丝毫没有松绑的意思。

他看我一眼，问："你生气了？"

我没有回答，只是说："如果你吃药，觉得嘴苦，可以吃棒棒糖。"

他低头写作业，没有答应这个幼稚的不平等条约。我又开始凝视他，并且将热水递过去。

这一回，他果断地放下笔，吃药，喝水，吃糖。

我大获全胜，心下安生，满意地去睡觉了。仿佛可怕的流感，已经被道道防火墙阻隔在奔跑的路上。

儿子去学校后，我心里忽然隐隐有些不安。他不愿意吃药，自有他的理由，想凭自身免疫力抵抗一阵；或者他真的并没有感冒。假如药物有不良反应……越想，越觉得内疚。我刚才的样子，真是专横呀！

我痛斥自己：你还真把自己当儿科专家了，强迫人家吃药，并且是十一粒，并且是超苦的。如果有人逼你吃十一粒药，你早就翻着白眼跳上房顶骂人了，然后跳下来再骂。你看，朋友早晨急急忙忙开着车送来防流感的中药，也并没逼着你立时三刻就吞下去呀，只是叮嘱你千万要记得吃。而你，把它放在厨房柜子的角落，打算刻意忘掉这一大包爱心。因为你怕苦，还怕没病吃药会产生副作用。

可妈妈一碰到孩子，就会像吃错药一般不讲理了。不允许他辩解，不允许他反对。"我是为你好"，这桩桩件件愚蠢的事，都是借着爱的名义来做的，所以让小孩无法拒绝。

其实我知道，他吃药不是为了棒棒糖，不是害怕流感，不是害怕我发功，而是怕我会生气。**一个妈妈，她的特异功能就是生气。要想轻松地发功，必须有一个深爱你的小孩配合才行。**

难道就因为他爱你，就不许人家用自己的脑袋决定？难道就为了不让你生气，不让你担心，不让你焦虑，人家就可以默许你的不平等条约，拼了小命吞下一大堆白的黄的绿的药？你又不是桃花岛上的黄药师！你又不是华佗！你又不是李时珍！

骂到崩溃时，我又转过来安慰自己：你当然不是，那些神医都是男的，他们很冷血，才不会这样无微不至地关心孩子呢！

这样折腾了一番，我心里到底过意不去。于是从网上下载了十九首儿子最喜欢的歌，代表我十一次歉意，多余的八首是搞道歉活动赠送的。我想让这些中外大明星代替我这个妈妈说："亲爱的小孩，对不起，对不起，对不起……"

我还下载了朴孝信的那首老歌《雪之花》："对不起，我爱你。是的，你常常原谅我，原谅我的爱生气，原谅我的小题大做，原谅我蠢蠢的爱……"

晚上，他听着歌，手舞足蹈，连声向我道谢。

我说："你中午不应该妥协的，你应该告诉我，是我做错了。"

他哭笑不得："当时我看你真的生气了；还有，我作业也很多呀……"

我绷起脸："这全是借口，你再说我又要生气了！你要答应我，下次不管我生不生气，只要是正确的事就要坚持！"

他做了个深呼吸，笑道："好的！我坚持让你开心，因为你那么聪明，总会自己修补漏洞，给系统升级。"

我转过头，假装听歌。他不知道，**他那份彻彻底底的信任，让我眼睛湿润。看来，我要打个不爱生气的补丁，让自己升级到绿色乐观型妈妈，才配得上这份纯真。**

# 第一次跟手机"战斗"

❤ 一凡

其实，面对那些棘手的困难，我们所需要的最好的武器，也就是一点点
耐心而已。

妈妈对我说："下学期，你就要住校了，给你买个手机吧！"

那个诺基亚手机，很快被妈妈的好朋友从西安带过来。现在，它就躺在我的手心里：黑色，直板，简洁大方。只要装上卡，就可以打给除了外星人之外的任何人了。

可是，我死活都打不开后盖。

一开始，我非常耐心地按照说明书上的指示，温柔地按住机身上部，优雅地下推，等到全套"托马斯"动作完成之后，我并没有听到想象中的喝彩——后盖"啪"地一声打开，手机恭恭敬敬地向我展示它迷人的内心世界。事实上，它仍然严丝合缝，仿佛我不是主人，而是一个心怀不轨的陌生人。

妈妈拿过去试了试，她的力气还没有我大，运气也不比我好到哪里；手机一动不动，同样拒绝了她。这让我心里好受一点，起码能证明，我不是那么没用。

半个小时过去了，我的耐心已随着手心的汗水流光。我终于"凶性大发"，使用了最原始的自身武器——指甲。

我左手死死攥住手机，右手五指并用，咬牙切齿，连刨带挠加抠，最后以武器磨损告终。指甲全磨秃了，手机终于出现了一毫米的缝隙。平生第一次，我遗憾指甲的生长速度太慢，否则我会坚持不懈，挖"机"不止。

其实，不是我一个人在战斗，妈妈也在不断地重复我的失败。当她再次拿起说明书时，我气势汹汹，环顾四周，还有其他武器吗？有！我的牙齿是多功能兵器——可以开瓶盖，可以断胶带，可以开核桃。

养兵千日，用兵一时，我亮出了白晃晃的牙齿。可是，几次张牙舞爪，都不忍下口：这不是瓶盖，不是胶带，不是核桃壳，这是父母的汗水和诺基亚公司智慧的结晶！

妈妈也着急了，不断地想新的办法，可最后也气呼呼地将手机摔在床上，骂这手机是妖孽，说再也不要碰它。

我开始借助外界的力量，疯狂地百度、谷歌、搜搜。

输入"诺基亚手机后盖打不开"这一关键词之后，页面铺天盖地涌了过来。上面有成百上千的帖子，发出同一个强大而迷惑的声音："如何打开诺基亚手机后盖？"看来，"同是开盖郁闷人，相逢何必曾相识"！

难道诺基亚公司就不能反省一下，非要让用户这样抠破肉手，还不能打开它高贵的外壳？

我欣喜若狂地翻看高手们提供的解决方案，很快就变得更加郁闷。那些方法，可谓千奇百怪。

超级强悍型：用锤子砸，摔在地上，用脚踩……

温柔型：对它叫一千声宝贝，发誓会好好爱护它，给它贴上最漂亮的贴纸，喷点 CK 香水……

荒诞型：将手机举过头顶发出怪叫，将手机交给警察，将手机埋在地下一星期……

再剩下的，就是我使用过的方法了。

妈妈已经转怒为喜，笑得在地下直转圈；我可笑不出来，我气得在地上直转圈！

我几乎要打电话给诺基亚的芬兰总部，请他们考虑开发一款世界上最结实的防盗门。我相信，这项产品一定会造福人类，为诺基亚再创辉煌。

我打电话给供货商，接线姐姐很客气，她温柔地说："不要用蛮力，你拿到这里，我替你开。"

从新疆到西安，将近六千里路，除非我是哈利·波特，才会买车票去拜见姐姐，请她帮忙打开手机。

我礼貌地说了声"谢谢"，无限悲凉地放下电话。

就在我决定放弃的时候，妈妈拿来一张卡片，塞进那一毫米的缝隙处，然后用手推后盖，终于打开了那道神秘的"小门"。

这个武器实在普通，只是一张废弃的充值卡。而妈妈比我多的，也就是一点点耐心。

其实，面对那些棘手的困难，我们所需要的最好的武器，也就是一点点耐心而已。

妈妈也生气，也急躁，可是她并不因为气急败坏，就停下要做的事。她嘴里说放弃，心里却在坚持，所以才会赢。

# 小孩们的"小"道理

● ● ● ● ●

　　假期，我与朋友网上聊天，互发本地风景照。两个小人儿跳起老高，儿子嚷着要去那个仙境般的小镇，朋友的女儿则一定要来这座边塞小城。大人一筹莫展，孩子们做了决定，各自留下家门钥匙，交换生活空间。

　　两位小朋友意气风发地说："今晚就走！"然而，漫长的旅途，异乡的气候与饮食，都令我愁不胜愁。

　　儿子劝道："妈妈别发愁，就算要吃点苦也没什么，我们是去自己喜欢的地方啊！"

　　我不禁笑逐颜开："小子，有道理！"

　　小镇如画，画里最多的是花。我向各色花儿问早安，并向儿子炫耀："这些花儿虽不会说话，也从未见过我，可我与它们是知己。"

　　正说着，手机忽然响起来，看到那熟悉却不亲切的号码，我不情愿地按下了接听键。对方兴奋得大喊大叫："听说你去旅游了，玩得好吗？我昨晚又梦见你了哦！"

我顿时闭上眼睛，耳边恍惚有群蜂飞舞，耐着性子听她讲述老掉牙的梦境，又回答了身体、心情、天气状况，以及我们此时所处的经度纬度，她才心满意足地收线。

我捧住头，长出一口气。

儿子问："阿姨那么关心你，你为什么这样不开心？"

我只得从头说起："这位阿姨是我中学时的舍友兼同桌，明明比我小，却声称要做我大姐，终生保护我。"

儿子羡慕道："啊，好感人啊！"

我摇头苦笑："从那天起，她就自动开启了对我的保护程序，不过是在梦里。她的梦，主题常年不变，照例是与我一起出去玩，遇见坏人围追堵截。我照例是跑也不行，跳也不行，却糊涂超群，不辨忠奸，几番险落魔掌。多亏她舍命与恶人周旋，又及时发现秘密通道，千辛万苦，带我逃出。她讲得绘声绘色，宿舍里的同学又叹又笑，叹她智勇双全，笑我笨拙不堪。"

儿子像在听科幻故事，津津有味。

一再被"救"，我不胜其扰："麻烦你下次不要再救我了！"

她连连摆手："可那些坏人太可怕了，你根本斗不过！"

我大吼："你比坏人还可怕！"

她愤愤不平："你这没良心的，我救你那么多次，却得到这个结果！"

她摔门而去，三秒钟后又回来，短发簌簌："不管怎么样，我不会见死不救！"

儿子瞪大眼睛，极为震撼。"大侠"果然一诺千金，这么多年了，仍会在梦中搭救我。

我无力地靠在长椅上，烦闷不堪。

过了好一会儿，儿子轻轻说："妈妈，哪怕是做梦呢，有个人在危险时总想着你，你应该高兴才对呀！"

我呆呆地看住孩子，心里有种异样的感觉。对呀！我只感受到她带给我的困扰，却从未看到那里面包裹着的一颗真心。这些年，她工作紧张、家务繁多，却仍保持着中学时代那份单纯而诚挚的关怀，且从不计较我对她的淡漠。

儿子恳切地说："你可以做一朵花的知己，为什么不能做阿姨的知己呢？"

手机又响了，还是她咋咋呼呼的声音："你可怜的小颈椎有福了，我弄到一个秘方，发到你邮箱了！"

听着她絮絮叨叨，我舒展眉头，连连说是。

**看懂一颗有爱的心，就能嗅见春天早晨的芳香。若不是这孩子的提醒，我几乎要错把这段幸福当烦忧。**

我想向儿子道谢，而他，为躲一只蜜蜂的追逐，正在花径上狼狈地抱头狂奔。

※ ※ ※

下午，虽然下着雨，可我们打算雨中观荷。刚出门，发现一只巴掌大的猫咪跑了过来，它身上微湿，不停地冲着我们叫唤。

儿子说："它肯定是迷路了，我们送它回家吧！"

我看一下表："时间不早了，我们要错过去荷花岛的船了！"

儿子摸摸小猫扁扁的肚子："可它连午饭都错过了啊！"

于是，我们挨家去问。

楼上的中年人看着猫咪直发笑："呵呵！这小丑八怪，不认识！"

问到一对年轻夫妇，他们齐声申辩："谁会养这个品种啊！"女主人旋风般抱出自家的宝贝猫，炫耀着这位"公主"的美丽和尊贵。

我们的小可怜蜷成一小团，将头藏进儿子臂弯。又问了几家，有人说它的主人是个老太太，可又说不出具体住址和姓名。儿子建议将它放回原地，或许它能自己找到家。可它钻来钻去，最终又跑了回来，可怜巴巴地叫着。

外面的雨越发大了，我们将它抱回屋子，儿子自告奋勇去超市买来猫粮。饿极了的小猫忘情地吃着，吃完了就撒欢，像个容易满足的孩子。

我想再去附近问问，儿子拒绝了。他抱着猫咪，在弯弯曲曲的街巷中穿行，希望能遇见那个主人。我断言，这比中头彩的概率更低。可他不说话，只固执地向前走。我叹息，小孩子犯起傻来，十个牛顿也拉不回来。

黄昏时，我们疲惫不堪地坐在湖边。他捡起一粒石子，想打水漂，可忽然又停下。

我问："怎么啦？"

他看看臂弯，低声说："猫咪睡着了！"迟疑了一下，他又说："还有，你在火车上给我读过一句诗——当你把水漂打得很远时，有没有想过会碰到一条鱼？"

我不禁惭愧：那晚，我只是随口读，而今日他却是用心做。

风从湖畔吹来，带着新鲜的青草香；远处有布谷鸟，一声一声地叫。

回来时，天光已暗，晚霞穿过黄昏，渗透夜色。门前的台阶上，坐着个慈眉善目的老太太，猫咪"喵呜"一声跳过去，钻进老人的大披肩里，再也不肯出来。

老人哽咽着："小丫头，告诉我，今天是不是被人叫了一百次丑八怪？"

儿子替猫咪回答："只有三次！"

老人的眼睛在路灯下熠熠生辉："真的？"

我们齐声回答："真的！"

此时，我终于明白，儿子磨破球鞋，只为了让猫咪不再被人多叫一声"丑八怪"。

如果心净如荷，如果目无偏见，那么所有看似卑微的生命，都值得我们用心去尊敬和呵护。

\* \* \*

假期就要结束了，我们在离开时，一位气呼呼的老人拦在出租车前："你们昨晚也太吵了，音乐开那么响，穿着高跟鞋走来走去，半夜还跳舞，弄得我高血压都犯了……"

路上的行人，全用异样的目光看着我们。

我面红耳赤，瞠目结舌，一句话也听不懂，一句话也说不出来。

老伯比比画画，说个没完。幸好，一个女孩过来拉走了老人，并抱歉地解释道："对不起，我外公一犯病就认错人！"

上了车，儿子伸手压平我噘着的嘴："这点小事就生气啦？"

我自嘲道："还小事啊！都莫名其妙地成窦娥了，还能开心得起来吗？"

儿子笑道："这算什么！从上学期起，学校旁边有个老奶奶就一直叫我小柱子，说我老踩坏她家墙头，偷吃她院里的枣，拔她种的小葱，还说要去告诉老师和家长。刚开始，我拼命辩解自己根本不是小柱子，她气哭了。我都进校园了，一回头，看见她还在擦眼泪，心里真不好受啊！后来听同学说，那个奶奶住他家楼下，总爱犯糊涂，无论男女老少，都叫人家小柱子。"

儿子爽朗地一笑："从那以后，我就承认自己是小柱子了，她说什么我都点头。她咧着嘴直笑，好像她家的墙啊、枣啊、葱啊再也不用担心了。现在，我进校园了，她还会在老远的地方挥手呢！"

我的脸再一次红了。

**作为妈妈，我常常告诫孩子，如果没有机会日行一善，那就应当时时保持善念。孩子懂了，我却没懂，因此他比我快乐。他将那颗充满善意的心放得很低很低，所以才能在尘埃里开出晶莹的花来。**

在迢迢复迢迢的人生旅途上，没有谁是永远的导师和学生。我给他讲大人的大道理，他给我教小孩的小道理。钥匙能够打开锁，是因为钥匙最懂锁的心。这样两颗相互理解、尊重且信任的心，会如花园里轻盈的蝶，高于花朵，自在飞舞。

越是平常的日子，越应该经常复习那些温暖的小细节。
让时光的枝柯，在不结果时开花，不开花时长叶；在连
叶子都落得干干净净的季节，就让它生长鹅黄的希望、
晶莹的梦想和斑斓的喜悦，静静地等待下一个春天。

# Chapter 3

# 你是我最好的朋友

# 两只"老虎"跑得快

❤ 继荣

也许我们这些做大人的，以饱经世故的眼睛，只看到了蔷薇的刺；而孩子不谙世事的心，却看到了蔷薇花。

　　周末的下午，儿子接了个电话，说同学金虎约他出去玩。

　　我犹豫了一下：虽没见过这孩子，可他的名字却早已耳熟。在家长 QQ 群里，常常有人提起这个新转来的学生——好动，爱闯祸，喜欢恶作剧，很少有科目及格……

　　儿子却说，金虎是他最好的朋友，可以打到五颗星。

　　我温和地问："能告诉我，你为什么喜欢他吗？"

　　儿子兴奋地说："他的耳朵会动，他会种菜、种玉米，他能不喝水吃完一整条长面包，他下雪天穿短裤也不会感冒……"

　　儿子滔滔不绝的述说，像一只温热而熟悉的手，将我拉向了牵牛花爬满窗棂的童年。

　　我是在乡下长大的，在北方的村庄里，金虎这样的男孩，就如庄稼地里秆青叶翠的高粱那么多。他们黝黑结实，简单快乐，无拘无束，像田野里不羁的风。在城里长大的儿子，怎么会不被他吸引呢！

　　最后，儿子还得意扬扬地向我宣布："还有，我们俩都属虎！"

　　我笑起来："你们班属虎的，至少有五人！"

　　儿子忽然有些担心："我们班好多同学的家长，都不许他们和金虎玩，你会让我去吗？"

我不禁感慨，**也许我们这些做大人的，以饱经世故的眼睛，只看到了蔷薇的刺；而孩子不谙世事的心，却看到了蔷薇花。**

我拍拍儿子："去吧，金虎可能都等急了。"

儿子手舞足蹈地出了门，楼道里隐隐传来他哼歌的声音："两只老虎，两只老虎，跑得快，跑得快……"

那天，儿子玩到很晚才回来，他得意扬扬地告诉我："金虎足球踢得那么棒，可连乒乓球拍怎么握都不会，他今天已经拜我为师了！"

我暗暗发笑，这小不点儿，自己也不过刚入门而已，却也敢开门收徒了。

饭后，儿子摇头晃脑地拉起了小提琴。我大为惊诧：这些天，他一提练琴就五官挪位，那眉头的皱纹比爷爷的还多，今天这是怎么了？

一曲完毕，他神气活现地翘起下巴："我跟金虎说好了，还要教他游泳、拉小提琴，帮他补习功课！"

我恍然大悟，原来当了人家师父，才懂得发愤啊，看来这个朋友是交对了。

可是，我的欣慰很快就变成了忧虑。那天，儿子放学回来，吓了我一跳：校服的裤腿撕开一个大口子，像裙子般迎风招展，露出磕得青紫的膝盖。一问，是跟金虎学爬树的战果。

我帮他边涂碘酒边问："你又不是猴，上树干吗？"

儿子龇牙咧嘴道："金虎说，不会爬树哪能叫男生！"

我哑然。

隔一天，儿子回来得特别晚，说是给金虎讲数学题去了。他几大口将饭拨拉进肚子，噎得直伸脖子，后来好容易写完作业睡下。

夜半时分，他却可怜巴巴地站在我床前："妈妈，我忘了老师布置的采访作业，现在还有谁没睡？"

我闭着眼睛回答："奥巴马！"

儿子那天交上去的作业，除了数学，全是 C。

我问："你徒弟怎样？"

他笑了："和我一样。"

我敲敲他圆圆的脑袋："明明是两只老虎跑得慢嘛！"

他不服气地做个鬼脸："可一只老虎会被武松打死！"

接下来的日子，儿子状况频发——追蝴蝶丢了书包，玩跳台阶扭伤了脚，弄坏实验室的显微镜，打开走廊上的灭火器……当然，每件事金虎都有份。

我像个蹩脚的消防队员般，狼狈地东扑西救，完全不知道警报会在何时拉响。耐心，像水从指缝间流逝。有时真想大吼一声："不许再和金虎玩了！"

我也知道，**作为母亲，我不能只享受孩子成长的快乐，却禁止麻烦的造访**。可我心里，仍渴望他能交一个各方面都出色的朋友。

转眼就到了冬天，一直惦记着孙子的爷爷奶奶，终于坐上了火车。早晨，儿子说想去看金虎。金虎住在早市附近，爸爸是货场的搬运工，妈妈在医院做护工，平时都是他一人在家。

我有些为难："可是，爷爷奶奶今天要从西安来呀！"

儿子胸有成竹："他们的火车晚上才到，我准能赶回来！"

我点点头，给他装了一袋糕点。

果然，二老一下火车就找孙子，满脸的失望。听我说马上就回来，才面色回暖。刚进门，便急急呼唤，可仍然无人回应。

就在我手足无措时，儿子气喘吁吁地跑进来了。我几乎认不出他来：白色的羽绒服成了"迷彩服"，脸是一抹黑一抹黄的"迷彩脸"，连眼睫毛上都落满灰尘。

我们瞠目结舌，儿子却眉飞色舞："我今天学会砌炉子了，我跟金虎两个人搬砖、和泥、架烟囱……"这小子全不看二老渐锁的眉头，仍兴冲冲地炫耀着："等到暑假，金虎还要教我放羊、套野兔、赶牛车……"我赶紧拉他去洗澡换衣服。

饭后，二老很郑重地问金虎是谁，我如实说了，并将自己的困惑也和盘托出。爷爷推推眼镜："小孩子交朋友很重要，会影响到一生。"

儿子睁大眼睛，似懂非懂。

奶奶快人快语："要学就学钢琴、外语和奥数，像砌炉子、赶牛车这样的技能，你可能一辈子也用不上！"

爷爷拍拍宝贝孙子："朋友是要有选择的，当你两只手都握满了沙子，就没有办法拿到地上的那颗珍珠了。"

儿子愈发迷惑，我轻轻地对他解释："爷爷奶奶的意思是，以后不要跟金虎玩了，应该多交些功课好、特长多的朋友。"

老人们频频点头，儿子恍然大悟，随即认真说道："可我不喜欢珍珠，就喜欢沙子！"

我们面面相觑。是的，这只是一个小孩子，沙堆里可以打滚，沙滩上可以赤足奔跑，可以躺下晒太阳。他要珍珠做什么！

爷爷沉吟着："要不，把他转到西安来上学吧？"

忽然，我听见门口有声音，开了门，人已不见。地上的袋子里，有两个儿子爱吃的杧果。那袋子，是我早晨装糕点用的。

已经很晚了，儿子的屋里还隐隐传来音乐声，是那首《做小孩真难》。月光洒进屋子，如一园静静的积雪。嗅着淡淡的杧果香，我抱着膝，坐了很久。

　　儿子没有再跟金虎玩，也没有再闯祸，爷爷奶奶放心地回去了。可我总隐隐觉得哪里不对——儿子不做鬼脸了，不说笑话了，也不在楼下疯跑了……我再也无法从他的眼睛里，看出那颗心的喜怒哀乐。

　　那天，雪很大，楼下有孩子在呼朋引伴，儿子却闷在家里。

　　我笑问："怎么不去找朋友玩？"

　　他淡淡答道："那些学习棒、特长多的同学，都没有时间玩。"

　　我语塞。他又说："妈妈，我也不喜欢你的朋友。李阿姨笑得太响，林姐姐总爱翻我作业，赵叔叔严肃得怕人……"

　　我愣了半晌才开口："可是李阿姨很开朗，林姐姐很真诚，赵叔叔是电脑高手。如果想找一个十全十美的朋友，就会找不到朋友……"

　　忽然，我停住嘴，我看到了窗台上那两个杬果——干瘪，皱缩，像一对沉默的小老头。

　　我终于向孩子道歉。他怯怯地问："今天是金虎的生日，我现在能去看他吗？"

　　我摇头："不可以。等妈妈订个蛋糕，我们一起去！"

　　他笑起来，又变回了那个调皮的男孩。

　　两只"老虎"一见面，就欢天喜地打起了雪仗。

　　雪越下越大，我想起了日本诗人金子美铃的童谣："落到海里的雪变成海，落到街上的雪变成街。"

　　听着他们的笑声，我想：落在童年的雪，一定会变成晶莹的童年吧！

　　两个孩子兴奋地追逐着，"啪"一声，我手中的蛋糕盒被撞翻。那奶油玫瑰中间的"朋友"二字，一定被跌得稀烂。

　　可是，那又有什么关系呢？反正结局是甜蜜的。

# 妈妈的朋友

 一凡

难得有一个人，那样认真地对待一个小孩子，所以他们才会当她是真正
的朋友吧！

我认为交朋友很难，可妈妈随时随地都能交到一个好朋友。

跟她一起出去，去了很多次的商场，熟得不能再熟的路，包括来来往往的人流，都有点和往常不一样。她会夸赞路边那些不起眼的小花，会对一个母亲怀里抱着的婴儿笑，会驻足倾听某个小店放的音乐。让你觉得，这一路都有花儿在开。

## 1. 祝你生日快乐

流感来了，人人都以口罩面对，连打个喷嚏都很小心。因为高度戒备，大家买菜买肉都要挑信得过的店；而唯一那家让人放心的肉店，每天早晨都挤满了人，去晚了，就什么都不剩了。

周末，我跟妈妈特意起了个大早，可仍然去晚了，排在第三排。我去买了面包回来，队伍更长了，妈妈正和旁边排着的女孩聊天。那女孩十四五岁的样子，戴一个浅蓝色口罩，跟妈妈聊得很开心，似乎在聊音乐什么的。我就是佩服妈妈这点，她跟什么年龄的人都谈得来。

忽然，一位阿姨大声叫道："宝宝，你排了半天队，怎么才到这里？"

那女孩不紧不慢地回答："我是按顺序排的嘛！"

阿姨责备她："脑子一点也不机灵！"

女孩不出声，只是静静地向前挪步。

玻璃柜里的肉越来越少，眼看就要卖完了。下一个就轮到妈妈买了。这时，那位阿姨忽然奋力向前一挤，将妈妈挤到一边，大声对营业员叫："把这两块五花肉都给我称上！"

妈妈还没站稳呢，营业员已经利索地将肉放在台秤上。

我一下子愤怒了，跑过去扶住妈妈，准备上前跟那位阿姨说理。

女孩忽然开口："妈妈，这位阿姨明明排在前面，你凭什么挤走她？"

阿姨急了，边付钱边说："你啰唆什么？我买不上肉怎么办？今天家里可是有一堆客人等着呢！"

女孩眼里沁出泪水："妈妈推人，还抢了别人的东西，真是没有素质！"她还转头对营业员说："我排在后面，请先给这位阿姨称！"

营业员有些尴尬，不知要怎样做才好。

那位气势汹汹的阿姨忽然放低声音："宝宝莫生气，今天是你生日哦，不能不开心啊！"

妈妈听了，对那位阿姨和气地说："那你先买吧，孩子要过生日嘛！"

阿姨看看女儿，神情变得温和了许多："你先买，你先买，不好意思啊，刚才撞到你了！"

妈妈改变了主意，没有买肉，只买了一点排骨就去买菜了。

当我提着大袋小袋出了超市时，看到那个女孩也挽着她妈妈的手走出来。妈妈摘下口罩，微笑着对那女孩说："祝你生日快乐！"

那女孩也摘下蓝色的口罩，笑道："谢谢阿姨！我可以把你当成朋友吗？我今天想收集很多朋友的祝福！"

我举起手臂："算我一个，我也祝你生日快乐！"

那位阿姨热情地招呼："都来我们家吃饭呀！尝尝我烧的豆瓣鱼和红烧肉吧！"

我们婉言谢绝了阿姨的邀请。回家的路上，阳光晃得人睁不开眼睛，秋天的风很凉爽。虽然满街都是口罩，虽然空气里有淡淡的消毒水的味道，可仍然让人觉得，这是一个美好的早晨。

## 2. "绿茶大盗"

妈妈给我买了一辆新的自行车，我喜欢得就像得了宝物一样，一刻也不想跟车子分离。

妈妈说："你恨不得骑着它睡觉吧？"

我回答："太对啦！"

妈妈说："南郊的沙枣花开了，我们骑车去看吧！"

我们先去超市买饮料。我将车子锁好，还是有些不放心，边走边向后看。我听说这种很炫的车子最容易丢失。买了水，我大踏步冲出店门，先看向我的车子。一个中年男人正俯身看我的爱车，手似乎伸向了车锁。我一下急了，立刻跑了过去。他极为尴尬，转身走了，边走边打开一瓶绿茶喝起来。

我对妈妈说了刚才的事，并称那人为"绿茶大盗"。

她笑起来："真的啊，不是误会吧？"

我对她的态度极为不满："你简直一点也不重视我车子的安全！"

正说着，那位"绿茶大盗"又回过头来，远远地打量着我们。我心里有种怪怪的感觉，妈妈却催我快走。

妈妈喜欢跟我赛车，她永远都比不过我，可永远都不认输。

同学羡慕说："有一个能跟你赛车的妈妈，多酷啊！"

可是这一次，她用力一蹬，结果车子掉链子了。她哈哈大笑："总是在关键时刻出故障啊！"

妈妈只好把她的车子送去修理铺，我推着车与妈妈去看沙枣花。途中，我不经意间向后看了一眼，忽然发现"绿茶大盗"依然远远地跟在后面。我觉得又紧张又好玩，便指给妈妈看。妈妈也觉得奇怪："他跟着我们干什么呢？"这时，那人向另外一条路走去，我这才松了一口气。

越向前走，沙枣花越香，而人也越少。到了沙枣林，几乎见不到什么人了。那成串成串的沙枣花，开得枝条都坠在地上，繁盛得像是着了一场金色的大火。

我把车放在林边锁好，然后在树林里狂奔。妈妈开心地喊着："好香啊！好香啊！大家都来看沙枣花吧！"我们喊一阵，笑一阵。

我忽然觉得心里有些不安，急急忙忙跑出来，看看我的车子是否安全。探头一看，我禁不住大叫一声："嗨，你干什么呢？"

只见"绿茶大盗"正蹲在我的车前，似乎在开锁。

我和妈妈跑过去，他手里捏着一把钥匙，尴尬地站起来看着我们，头上的汗流下来，流了一脖子。

我不禁发火："你好大的胆子啊！"

妈妈拦住我："别这么说，他不是小偷！"

中年人结结巴巴地说，他是专门给人清洗抽油烟机的，生意不好。儿子一直想要一辆山地自行车，可一直没能买。上周，为庆祝孩子考了年级第一，姑姑给他送了一辆。可大前天儿子去书店，锁了车却忘记拔下钥匙，车子就再也没找到。这几天，儿子懊恼得连饭都吃不下，他心疼儿子，就开始四处寻找。今天看到我的车子，觉得一模一样，以为是窃贼偷了卖给我们的，所以一路跟踪到这里，打算用备用钥匙试试能不能打开。

妈妈哭笑不得："一个品牌的车子，可不是一模一样吗？"

那中年人擦擦汗："我儿子第一天骑就把杯架给碰坏了，没有黑色的，车铺给配了个白色的。你们的车子，那么巧，也是白色杯架……"

我告诉他，工人送货时，将我杯架的漆蹭掉了一点，也是因为没有黑色的，就给配了白色的。

我跟他开玩笑："叔叔，您的钥匙能打开吗？"

他憨厚地笑道："根本打不开！"

妈妈向他要了一张名片，说要请他拆洗我们的抽油烟机。他洗得很快，也很干净，妈妈赞叹他敬业，并把他推荐给许多邻居和朋友。

我们常常见到他，开一辆三轮车，车上拉满抽油烟机，看上去很忙，很开心。每次见到我们，他都会像朋友那样，冲我们热情地挥挥手。我们在心里，也将他当成了一个好朋友。

夏天的晚上，我和妈妈看到一颗流星落下来。我急忙许愿："啊，希望那个叔叔的儿子，有一辆新的山地车！"妈妈笑起来，我知道，她许的愿一定和我一样。

## 3. 如果我们遇见又忘记

妈妈有小孩缘，小孩子们都特别喜欢她；而她，一见到孩子就会不由自主地微笑。从几个月的婴儿到十多岁的学生，她都能跟他们交朋友。

有一次，我们送爸爸去上班，大巴车还有十分钟才到。一个缺了门牙的小男孩，有四五岁吧，甩开爸爸妈妈的手，来找妈妈玩。车子来了，小男孩的妈妈来叫他上车，他大声说出自己的名字和爸爸妈妈的名字，然后问妈妈："你叫什么名字，你爸爸妈妈叫什么名字？"妈妈愣了一下，真的满足了他的要求。

那小孩在他妈妈怀里转过头来："刘继荣！刘继荣！你等着我，我回来再跟你玩啊，你可不要忘了！"

周围的人全笑了，妈妈却认真地点头："好呀，我等着你！"

夏天的柳絮，飞得满天都是。等车子离开后，妈妈将那小孩的名字输在手机里，放在朋友一栏。

**难得有一个大人，那样认真地对待一个小孩子，所以他们才会当她是真的朋友吧！**

我们去肯德基店吃炸鸡，坐在靠窗的位置。这里阳光很好，还可以看到来往的行人。

因为天气热，店里在落地窗户上挂了竹帘子。忽然，有嗒嗒嗒嗒的声音传来，就像午睡时，麻雀用小尖嘴啄着窗子。妈妈略略撩起帘子，我看见一个像洋娃娃那样小的妹妹，穿着粉红的连帽衫，在妈妈的怀抱里，用小小的手拍打着玻璃。

我们对她笑，妈妈将手掌按在玻璃上，小妹妹也将自己的小手按在同样的地方。她们隔着玻璃在握手，多么可爱。我也参与进去，小宝宝更开心了。妈妈将钥匙链上的一对足球靴拆下来，我一只，她一只。我们把鞋穿在手指上，在玻璃上走来走去。小妹妹开心地笑起来，她的小手也不停地跟着我们的手游走。她简直被这个游戏迷住了，一遍遍不停地玩着，小胖手非常灵活。她的眼睛放着清澈的光芒，我几乎能听见她咯咯咯咯的笑声。

不知是小妹妹的妈妈站累了，还是不好意思打扰我们吃东西。她向我们挥挥手，抱着女孩走了。小妹妹大哭起来，眼泪流了满脸。她挥舞着小手，踢着小脚，不愿意离开，可到底还是被妈妈抱走了。

我们简直没有心情再吃东西，一直伏在窗前。直到她妈妈给小妹妹买了一只气球，她举着红红的气球才又笑起来，眼泪还在脸上闪着光。

我又高兴又有些失落："她已经忘记我们了吧？"

妈妈说："如果忘记让她开心，那忘记最好！"

我想：我小时候，有没有遇见过妈妈这样的朋友呢？如果遇见过，又忘记了，也是十分美好的吧！

# 如果不能飞到白云上面

♥ 继荣

天如青瓷，轻风微醺，大团大团的白云涌起。他们又笑又叫，我的心，如溶化的巧克力。如果不能飞到白云上面，那就在白云下面飞吧。就算不能飞得很高很高，他们也能飞得很远很远。

别人都羡慕儿子与我是无话不谈的好朋友，而我却看到了他的孤单。

周五放学，儿子兴冲冲地攀住我的肩："下个月科技馆有航模表演，我们一起去吧！"

我婉言拒绝："这样的事，你最好与同龄朋友分享。"

他有些为难："可是，我还没找到这样的人。"

看着我疑惑的眼神，他一口气说下去："他要聪明如诸葛亮，在篮球场上像科比，在我有难时像关羽！"

我用力鼓掌："有勇气，可要这三人合体，非得请上帝帮忙不可。"

儿子不以为然："你们大人总是不够勇敢，什么都想请上帝帮忙，上帝又不是小时工！"

我温和地建议："在找到超人之前，先交几个凡人朋友吧？"

他坚定地回答："不，他将来要跟我一起去开飞机，飞到白云上面！"

这时，我的心里开始隐隐有种不安：儿子越来越依恋我，越来越孤寂，我成为他唯一的朋友。不，我必须让他学会与同龄的孩子交朋友。

没想到，这件事情竟然有了意想不到的转机。

星期一，儿子乐不可支，告诉我班里的新鲜事。

这天早晨，在走廊转弯处，有个黑黑瘦瘦的男生拦住儿子，嘴里叽里咕噜，说的仿佛是外星语言。

儿子猜他是转来的新生，要办入学手续，便将他带到教务处门前。没想到，他一头冲进了教务处旁边的卫生间。

上课时，老师领着那个男生进来了，说："他叫萧强，来自西部，不会讲普通话，请大家多多帮助他。"

儿子笑着对我说："我们同学都叫他'小强'！"

"小强"是儿子与他的同学们都很喜欢看的一部动画片里面的蟑螂的名字，是个令人发笑的形象。

然而，儿子很快就笑不出来了。因为从那天起，小强像个缠人的小孩，彻底黏上了儿子。

小强坚信，儿子是地球上唯一能破译他语言的人。课间，小强邀儿子去吊单杠；放学时，小强紧紧跟在儿子的后面，和他一起聊航模；晚上，小强还意犹未尽地打个电话。

儿子每次接起电话，都能与小强聊半天。挂上电话，他总会冲着我扮个鬼脸，我忍不住心中暗暗高兴。

不久，小强的普通话水平突飞猛进，儿子口中也常常不由自主地冒出几句西部方言，惹得老师和同学们笑得前仰后合。儿子放学回家时，跟我提起这件事，一脸沮丧。

我安慰道："多懂一门方言也不错呀！"

他摇摇头，皱眉，撇嘴，一脸不高兴的样子。

我于是不再劝诫，静下心来，准备以后再听他告诉我事情的进展。

原来，儿子开始采取了疏远策略。

这一天放学时，儿子借口要做值日，叫小强先走，小强这老实孩子立即提起拖把就来帮忙。

儿子只好支支吾吾地说："等会儿我还要去买书，你先走吧！"

没想到，这小强竟惊喜地说早就想去书店了。

无计可施的儿子，只好一咬牙，改口说要去操场打篮球。因为儿子觉得小强个头这样小，总不至于硬要跟着去打篮球吧！

没想到，小强兴奋地跳起来："好呀，好呀，咱们一起去！"

无可奈何地打扫完卫生后，儿子不情不愿地领着小强上了场。几分钟后，这其貌不扬的男生就引起了众人的尖叫，他运球、过人、投篮，几乎无人能挡。

儿子眉飞色舞地继续说："妈妈，我都不敢相信自己的眼睛，他投篮的姿势像极了科比！"

　　我微笑地看着他："那挺好的，你不是一直想跟篮球明星科比做朋友吗？现在你运气不错，找到了一个哦！"

　　儿子开心地笑着，转身从饭桌边跑开。

　　不久，年级统考成绩下来了，小强排名第二。晚上的时候，儿子高兴地向我发出感慨："诸葛军师重生，也只能如此吧，因为第一要让给刘备嘛！"他又美滋滋地说："如果他再拥有关羽的品质，就可以做我的好朋友了！"

　　我问："人家这么优秀，做你朋友的话，对你有什么要求吗？"

　　他笑道："教会他普通话就足够了！"

　　说罢，儿子的神情忽然有些黯然："小强太厉害了，无论走到哪里都是明星，没人注意到我……"

　　我听出了儿子心中的不满，以及刚刚在他幼小心灵中生长出来的一丝嫉妒，但是我什么都没有说。

　　**我想静静地倾听，而不是教他如何如何做。看着儿子自己在生活中成长起来，也许才是最好的解决问题的方式。**

　　春天来了。一天，参加学校组织的郊游回来后，儿子异常懊恼地说，从此以后不再与小强做好朋友了，已决定将他拉入黑名单。

　　我听了，心中一惊。这不是我希望看到的发展结果。但是我知道，如果我现在立即去劝阻，只会让他更不愿意与小强做朋友。于是，我只是问儿子为什么不愿意与小强做好朋友了。

儿子想了想，终于不情愿地讲述了事情的前因后果。

原来今天春游的时候，他们俩结伴跑向一幢木屋，想去跟门前的一只小牛犊玩。忽然，门后蹿出一条狂吠的牧羊犬。小强扔下儿子，箭一般地逃掉了；儿子则被吓傻了，一动不动地站着。幸好主人及时出来喝止，那只狗才驯顺地趴下。原来，它是拴着链子的。远处的小强气喘吁吁地跑回来，儿子气恼得不再理他，头也不回地走了。

"在关键时刻，他根本不是什么关羽，是兔子！"儿子无比伤心地说。

我一边慢慢削着苹果，一边对他说："这不怪他，遇险逃跑是人的本能，其实小强也是普通人。"

儿子情绪激烈地反驳："不，他根本没拿我当朋友！"我一惊，刀锋一偏，碰破了手指。

儿子赶紧去拿创可贴，我伸出手指叫道："如果拿我当朋友的话，快来与我歃血为盟！"

他哭笑不得，大声抗议："这不公平！"

"你也知道这不公平？"我叹道，"你只是无意中教会他普通话，却奢望人家为你挡牧羊犬！"

儿子当即怔住，好一会儿才淡淡地说："无论如何，我不想有一个见到危险与困难就立即扔下我自己逃跑的朋友！"

接下来的一周，儿子的"每日播报"中止了，他变得一声不响。

星期四，他回来得很晚，看上去心事重重。我陪着他默默坐了很久，他终于开口。

郊游回来的第二天，小强仍等他一起回家，他们谁也没说话。过马路时，小强神情有些恍惚，嘴里含糊不清地说着什么，忽然就一头倒在地上。看着那个剧烈抽搐的身体，惊恐的儿子再次被吓傻了。这时，一位路人拨打了急救电话。很快，车来了，医生们将小强抬了上去。

那天晚上，儿子躲在卧室里，不断地给小强家打电话，却始终无人应答。

第二天，第三天，小强都没有来上学。一直等到星期四，他终于回来，看上去精神很好。

放学时，小强告诉儿子，他的家族有一种遗传病，常常会发作，但也会很快恢复。最后，他低着头，有些不好意思地问儿子："我们……还能做好朋友吗？"

讲到这里，儿子忍不住哽咽起来："我哪里配做他的朋友，在他发病时，我只是站在那里，呆呆地看着他挣扎……"

我轻轻拥住他："这不怪你，你当时吓坏了，所以不知道该怎样帮他。我们每个人的力量与知识都是有限的。但是如果你拒绝他，就真的错了！"

他疑惑地抬起头望着我。我说："假如他再次发作，假如没有路人，而且你也不在身边，那么谁替他叫救护车呢？"

儿子脸上的阴霾忽然消散："当然是我了，我要一直在他身边，当他再发病的时候，赶紧叫救护车。"

就这样，他们又像从前一样形影不离了。只是在经历了这些风波之后，儿子学会了珍惜朋友、理解他人。为此，他还上网查了小强的病症，知道好朋友不能劳累，不能生气，更不能开飞机。

当儿子给我讲述这些时，我有些替小强感到难过与惋惜。没想到，儿子平静地说："我们讲好了，以后一起去造飞机，然后由我来试飞，小强在地面看着。妈妈，我还把我的那部手机送给他了，他带在身上，可以随时打电话叫救护车。妈妈，你不会因此生气吧？我没有事先告诉你。"

我笑着抚摸他的头："一凡长大了，知道怎样关心朋友了。"

航模表演的日子终于到了，儿子正准备叫小强，却接到了他的电话。放下听筒，儿子笑得在沙发上打滚儿："他以为我还不知道今天的事，居然神秘兮兮地说，要给我一个惊喜！"

儿子建议我也去，三个人坐车去了科技馆，却发现那里冷冷清清。

小强指着通知单："表演取消了，我是昨天听说的。"

儿子失望至极，追打着小强："原来你早就知道！"

小强边躲边喊："我也很难过，可想到你会伤心，我就把我的压岁钱全带来了，请你去肯德基吃炸鸡，去玩跑跑卡丁车，去放风筝……"

"不信你看！"他笑嘻嘻地将手伸进衣袋。瞬间，他的脸变得煞白，抖着手，焦急地翻开每只口袋，几乎要哭出来："我的钱丢了，丢了！"他真心诚意地拿出所有的钱，想安慰自己的朋友，却给弄丢了。

儿子先我一步跑过去，轻轻拍着他的背："不要紧，不要紧，吃肯德基容易长成汉堡脸。卡丁车、风筝，那是小孩子才喜欢的东西……"

小强仍然呆呆地站着，没有回应，我的心也开始往下坠。

儿子忽然大叫："航模表演开始啦！"他张开双臂，在小强的身边飞：俯冲、旋转、翻跟头。他大汗淋漓，拼命地飞着，一圈，再一圈……

终于，小强也跳起来，像儿子那样举起手臂，跟他一起飞。

天如青瓷，轻风微醺，大团大团的白云涌起。他们又笑又叫，我的心，如溶化的巧克力。如果不能飞到白云上面，那就在白云下面飞吧。就算不能飞得很高很高，他们也能飞得很远很远。

# 每个人都有一片不能碰触的叶子

💗 一凡

无论是朋友还是亲人，无论关系多么亲密，都要允许对方有独立的自我存在，爱在自由里，才能长久。

一回到家，我便急着找妈妈。她在厨房烧一条鱼，香味直扑鼻子。

我叫："妈妈，妈妈，快来洗脚！"

她笑起来，盘子差点扣在地上。

我不知道这句话有什么好笑的，她似乎听到了世界上最滑稽的事情，笑得那么厉害，让人感觉莫名其妙。

热热的风，从窗子里吹进来，带着浓烈的沙枣花香。我看着妈妈不停地笑，额头上沁出了汗，心里直发急。

她终于笑完了，鱼也舒舒服服地躺进盘子里，全身红彤彤的。

我咽了一口口水，说："老师今天布置的作业是给妈妈洗脚，献爱心和孝心，然后跟妈妈一起写感受……"

妈妈又笑起来。我很不满意，提高声音说："优秀作业会被贴在学校的展览板上，还会发奖状！"

她睁大眼睛看着我，吞吞吐吐地说："可是，我不喜欢别人给我洗脚，我最怕痒……"

没想到事情如此不顺利，我只好耐下心来劝妈妈："我会轻轻地洗，绝不会弄疼你的脚。"

她开玩笑："要不要先打麻药啊？"

我又气又笑："不用不用，你放心！"

妈妈皱着眉，好像她的心不但没放下，反而挂到眉毛上面去了，而我献不出去的爱心就那么一直捧在手上。

妈妈将餐盘放在桌上，嘱咐我盛饭，我噘着嘴去了。

妈妈问："你平时都是吃完饭才写作业，今天怎么那么急啊？"

我用饭铲敲着碗："这学期，我还没得过一张奖状呢！我们不是好朋友嘛，你一定要帮我才对！"

妈妈有些发愁，她跟我商量："你看，能不能换成洗头？"

我被她的创意吓到了，怎么想出来的，头和脚能比吗？脚有两只呢！

我看得出，越往后拖，对我越没有好处，妈妈肯定会想各种办法推掉，我就别想完成作业了，更别提拿优秀奖了。

我低下头，双眼牢牢地盯着她的脚，害怕那双脚会不打招呼跑了似的。妈妈觉察到了，下意识地将脚向里面藏一藏，警惕地看着我，好像怕我会突然抢走那双脚。

看她这种小女孩子气，我觉得实在有趣：原来，妈妈也有害怕的事情啊！在这之前，我还以为她有多么大胆呢！

我放下筷子，去拿盆子接热水。

妈妈问："你不吃饭，干什么呢？"

我说："给你洗完脚再吃！"

她惊得站起来："简直是胡说八道，我只听说过饭前洗手，没听说过饭前要洗脚的！"

我哗哗地放水："哼，你马上就知道了！"

她把我拉回来："听话，吃完饭再商量吧！"

我对妈妈说："如果每个人都要饭前洗脚，不洗不能吃饭，那该多麻烦又多有趣呀！"

她瞪我一眼："菜都凉了！"

我回瞪一眼，笑："师父说得是！"


急急忙忙地吃完饭，我又去缠妈妈。她说先去楼下散散步，回来就可以举行献爱心仪式了。我答应了，先去写数学作业，第一次觉得这些作业真的很乖，没有一道题目推三阻四不要我写，而且我想写几道就写几道，不用征得它们同意。

写完作业，我正看动画片，妈妈回来了。

她笑眯眯地问："你现在没时间献孝心和爱心了吧？"

我全身心都沉浸在剧情中，心不在焉地点点头，继续看电视。片尾曲响起来的时候，我听见吹风机的声音，等我弄明白这不是插曲中的伴奏时，立刻一步三跳地冲了进去。

妈妈正得意扬扬地吹头发，并向我宣告，她已经洗过澡了，也就是说，脚也洗完了。

我沮丧地垂下头："你怎么可以乘人之危呢？那我的作业怎么办呢？"

不行，我不能就这么被打败！我抖擞精神，端起一盆热水走进去，趁妈妈正在专心致志地看书，我将她的脚抓住，往水里一按，反正再洗一次也没什么！

顿时，妈妈发出一声惊天动地的怪叫，仿佛我们家变成了《水浒传》中的客栈，她是刺配沧州的林冲，我是企图烫伤她的脚的薛霸。"林冲"的脚已缩了回去，我又奋力去抓，想把它们拉回盆里。妈妈笑得眼泪都出来了，在闪躲之中，她一下踩翻了水盆，屋里顿时水漫金山，献爱心和孝心活动宣告失败。

我把地拖干净，在作业本上写道："我只在水里泡了一下妈妈的脚，她怕痒，不让我洗。"

妈妈写的是："他为我做过很多事情，这一次虽然没有给我洗成脚，可我知道，他是个有爱心也有孝心的小孩。"

这份作业得了 D，全班只有我一个人没有完成，真是没面子。我久久地看着那个 D，默默地想："妈妈作为好朋友，也太不仗义了，换作是我，就算赴汤蹈火，也一定会配合她的。"

没想到，我赴汤蹈火的日子那么快就来了。

我常常觉得脚的大拇指很痛，有时踢球或者碰到台阶时，会钻心地疼。我以为每个小孩都是那样，就没有告诉妈妈。

有一天，班里有个同学一拐一拐地来上课。他说自己刚刚做完嵌甲手术，过些时候就能踢足球了。他向我详谈以前的症状，竟然与我的一模一样。这时，有好几个同学围了上来，惊呼自己也是这种情况。这位同学极力鼓动大家都去做手术，说打了麻药之后一点也不痛。

我半信半疑，回家告诉妈妈。妈妈叫我脱了袜子给她看。她轻轻一触，我就大叫起来。

她吃了一惊，赶紧将手缩回去，脸都吓得苍白，连声问："是不是碰疼了？"

我笑道："是太痒痒了！"

妈妈喃喃地说："啊，我太粗心了，你疼了那么久都不知道！"

她带我去医院检查，医生诊断果然是嵌甲。暑假就要到了，我们决定在暑假做手术。

在等待暑假的这些天里，妈妈显得忧心忡忡，仿佛疼的是她，而不是我。她的目光总落在我的脚上，满脸的歉疚。

我安慰她："如果不碰到硬的东西，真的不疼，你放心好了！"

可是，我越劝解，她越难过，恨不得代替我疼。她给朋友打电话，上网查资料，去书店买书……那段时间，妈妈弄懂了与嵌甲有关的所有知识，几乎成了权威专家。她听说要先消炎，便买了中草药来给我泡脚。妈妈端来热水，把药粉撒进去，看着我泡，天天如此。

炎症消下去了，暑假也到了，医生为我安排了手术，并允许妈妈陪在旁边。对这一人性化的安排，妈妈几乎感激涕零。

医生边打麻药边轻松地说："别怕，只是个小手术，很快就好！"

妈妈让我背过脸去，紧紧握着我的手。手术过程中，我并没有感觉有多疼，妈妈的手却变得冰凉，抖得很厉害，鼻尖上沁满了汗珠。她还装作很镇定的样子，跟我说这说那，还给我讲了好几个笑话。

看来，医生可能是太乐观了，我的伤口好得很慢。打点滴，换药，折腾了好多天才算痊愈。

这期间，妈妈担惊受怕，感同身受。终于拆线了，医生嘱咐了又嘱咐："如果有炎症迹象，一定要及时来医院。还有，别让指甲再长进去了，要勤剪着点才好，要不还得做手术！"

这两句话被妈妈当作圣旨，加粗、放大、复制，然后粘贴在脑子里。她几乎隔几天就看看我的脚，生怕伤口发炎。

其实，做手术，换药，我都没觉得多痛苦。可要经常展览那两只脚，让我觉得自尊心严重受损。那一对拇指，经过医生的修剪，指甲只剩下窄窄一片，要多难看有多难看，还有未长好的疤痕，一点也不美观，哪里禁得住参观？

好在没有发炎，指甲也渐渐长好。现在，妈妈又有了新的担心，怕指甲再长进去，我又要受苦。于是，几乎每周她都会拿着小剪刀来找我："我帮你剪剪指甲吧？"

她一抓我的脚，我就觉得奇痒难忍，像她当初那样，拼命踢着双脚，大叫大笑。

妈妈放下剪刀，像捞鱼一般，扑过来又扑过去。

我连连向她讨饶："大侠饶命，大大侠饶命，我自己来剪好不好？"

她斩钉截铁地说："我们不是好朋友吗？好朋友不分彼此，你剪我剪都一样！"

我几乎要哭出来："那是我自己的脚啊，我岂会亏待它们？你就放我一条生路吧！"

于是，妈妈交出剪刀，看着我剪。她弯下腰，睁大眼睛，脸伏在我脚边，头发几乎挨到我的脚。这样认真而专注，让我心里直发毛："妈妈，你能不能别这样看着我操作？"

她回答："能！"然后头向后一些，可过不了几分钟，她的整个人又不由自主地慢慢移过来。

我跳起来，把这严厉的监督员请了出去，把门锁上再剪。

晚上，我严肃地向妈妈提出抗议，她接受了我的批评，只口头督促我修剪指甲，不再近距离监督。

可是，最最不幸的事情发生了，我粗心大意修剪的指甲，果然长进肉里去了。我费了好大的劲才把它弄出来，脚流了很多血，疼得我直咧嘴。刚好妈妈进来，一眼便看到了这惊骇的场景，她赶忙拿来了云南白药和纱布，替我包扎起来。此后，她对我监督得更严了。

有一次，我怀疑指甲又长进去了。妈妈执意要给我剪，她说："你上次弄得流了很多血。"

我说："你又没有经验，还不如我自己来！"

事实上，我的脚真的很怕痒，这时我才深深体会到，痒比痛更难受。妈妈一劝再劝，我就是不同意。最后，她真的生气了，怒气冲冲地走了出去，声称再也不是我的好朋友了，也再不给我当妈妈了。

我呆呆地看着她的背影，心里说不出是什么滋味，我不愿意她生气和伤心，可是我又有什么办法呢？

忽然，妈妈又走进来，气呼呼地问我："你小的时候，还不是我替你剪，还有，医生做手术的时候，你怎么那么乖？"

我委屈地申辩："小时候我自己不会剪，做手术时医生拿着刀呢，我哪敢吭气！"

妈妈笑起来，我趁机说："咱们还是做好朋友吧，你还是给我当妈妈吧！"

妈妈在我身边坐下，说："我想通了，其实，**每个人都有一片别人不能碰触的叶子，有的叶子在心里，有的叶子在身上。**"

我听着妈妈的话，似懂非懂。

她耐心地解释："比如，我们的脚都会怕痒，就算再亲近的人都不能碰，这是身体上的叶子。再比如，我们俩无话不谈，可谁也不会去看对方的日记。有些心事，只能一个人去体味，这是心里的叶子。"

妈妈说，**无论是朋友还是亲人，无论关系多么亲密，都要允许对方有独立的自我存在，爱在自由里，才能长久。**

我将妈妈的话，复制、粘贴、加黑，存放在自己的脑子里。我知道，以后一定会有用的。

# 给好朋友的一封信

● ● ● ● ●

亲爱的孩子，今天是个很平常的日子，我却想给你写一封信。

越是平常的日子，越应该经常复习那些温暖的小细节。让时光的枝柯，在不结果时开花，不开花时长叶，在连叶子都落得干干净净的季节，就让它生长鹅黄的希望、晶莹的梦想和斑斓的喜悦，静静地等待下一个春天。

**我喜欢捡拾那些幸福的碎屑，虽星星点点，可积攒起来，就能铺出一条美轮美奂的路。**

你看，天空那么浩大，入夜时，就是被这样一小粒一小粒的细碎的光辉铺满，才显得温厚华美。无论在高楼的窗口，还是旷野的凉风里，只要仰起头，你就能望见那一闪一闪的目光，一滴一滴的亲切。

＊＊＊

那一年，你去了四川。在一个正午，你突然打电话给我，说奶奶出去了，外面忽然黑下来，打雷、打闪、下大雨。你虽然极力告诉我你不怕，可声音却哆哆嗦嗦。

于是，我陪着你聊天，伴着电话里轰隆隆的雷声、哗哗的雨声。我们聊了很久，你的声音终于变得平静，你告诉我："妈妈，我攒了好多笑话、好多故事，想回去告诉你。但是我怕自己忘记了，所以每天睡觉前我都会想一遍，笑一遍，这样就不会忘记啦！"

我说"谢谢"，你说："不用谢，好朋友都是这样的！"

一个月后，你从四川回来了。你的那些笑话，果然让我笑到流泪；那些故事，是你在火车上或餐厅里听到的，简单、亲切、诙谐。你用川味的方言给我表演菜市场里一男一女的讨价还价。你告诉我川菜辣得人头晕，油菜花田里有无数只蝴蝶在飞，下过雨的空气像薄荷糖。你还太小，没学过写字，就将平日里积攒的快乐，每天在临睡前清点一遍，最后通通带了回来，一样一样地赠给我。

再一年，你去了兰州，没多久便打电话叫我也去。你去接站，头发理得很短，穿一条蓝色的印有奥特曼的小短裤。虽然九月就要上一年级了，可是不知为什么，我总觉得你没有长大，反而变得更小了。

当时正是晚饭时间，你带着我径直去了一家小而干净的餐馆，熟练地为我点了一荤一素两道菜，还有一盆汤，一碟春饼。所有东西都那么可口，尤其是那碟精致的春饼更是美味，让我到现在还念念不忘。

吃完后，你从蓝色的小裤兜里掏出一把钱，总共十元，刚刚够付账。看着惊讶的我，你笑一笑："我攒了很久，一直想请你吃饭，好朋友都是这样的！"

当时，客人很多，来来往往，我就那么傻乎乎地挡在门口，望着儿子小小的身体，好一会儿才让开。我走在这座陌生的城市里，每一步都踏实而稳妥。

我有星期一恐惧症，你将这一天命名为"妈妈的生气日"。

于是，你积攒了很多好东西，准备在周一送给我——一块糖、一张画片，或者风吹落的一朵花、一片树叶。在我情绪低落时，你会将礼物递到我手中，大声说："嗨，生气日快乐！"

我一下笑起来，禁不住告诉自己："哪有那么多让人生气的事情呢！"

渐渐地，我忘记了星期一的"特殊"，觉得它像所有的日子一样值得珍爱。

偶尔，我打开你的抽屉，发现很多零零碎碎的可爱的小东西。你解释说："谁知道你要多久才不生气，我攒了很多礼物准备送你，好朋友应该是这样的嘛！"

你的手背是小小的记事本，上面常常写着：带绘画工具，带学费，带卫生工具……

有一天，我看见你手上画了一幢房子，便很关心地问："数学老师要你们做模型吗？"

你笑着回答："不是。昨天听同学说，昆明四季都开花，天天都下雨。你是我最好的朋友，我想在昆明给你盖一座房子，怕忘记了，就画在手上了！"

你去洗手，并认真地告诉我："妈妈，我已经把这件事记在日记本上了，可以洗掉啦！"

我知道，在你的日记本里，替我攒着很多东西——一辆跑车、一套时装裙、一条钻石手链……

你所给我的，我都记得，并且一直记得。

在岁月的练习簿上，纵使每页都绘着心心相印的底纹，

纵使每颗心都晶莹粉润，我们仍需千万遍练习，才能

瞥见爱的真相。

# Chapter 4

# 爱，让我们彼此听见

# 爱的练习簿

❤ 继荣

爱，并且不断练习，不断改错，直到沿途莲叶接天，心中荷花映日，直
到从爱里毕业！

有种啼哭如仙乐，那粉团团的宝贝一入凡尘，就有人自动荣升为妈妈。起初，我以为所有母亲都天赋异秉，不必修习便会成为爱的高手。迂回曲折之后，我终于明白，在岁月的练习簿上，纵使每页都绘着心心相印的底纹，纵使每颗心都晶莹粉润，我们仍需千万遍练习，才能瞥见爱的真相。

## 1. 我用开花惊醒你

刚才，我又对孩子发脾气了，无非是些琐碎小事，可我却大动肝火，呵斥连连。

儿子像突遇台风，含着满满一嘴饭菜，动也不动，眼里全是惶恐。

暴风骤雨之后，无限懊恼都涌上心头，我捧住头，恨不得痛打自己一顿。

很多时候，我们友好相处：满桌饭粒菜汁，我来细细揩抹；满地玩具狼藉，他去慢慢收拾。我帮他在磕伤的膝盖上涂紫药水，他替我在手腕上画个指针指向三点整的手表；我的额头上粘着可爱的米老鼠贴纸，他的碗里盛着温度刚好的粥汤。

这样的光阴，如蓝印花布，素朴绵密，不动声色，却寸寸花开。

但我常常失去耐心，负面情绪如飞溅的墨汁，淋淋漓漓。白底蓝花的日子，忽然间变得一片狼藉。

在电话里，我向妈妈诉说自己的无奈，感叹自己是个天生的急脾气。妈妈温和地提醒："在别人眼里，你是个再平和不过的人。"

是的，我可以花一中午的时间，处理工作上一个微不足道的细节；可以整晚倾听朋友的诉说；可以对同事的淘气宝贝永远微笑；甚至能静静地趴在邮局的桌子上，为陌生老人代写一封家书。可我却不能以这样的方式对待最亲密的人。

我心中愧疚，口中却忍不住自辩："我们年幼时，谁没有挨过打骂呢？"

妈妈叹息："有些事，不要等到像我这个年龄才知道是错的！"

我无力地喃喃道："我也是为他好呀，小孩子不可太娇惯！"

妈妈委婉地说："我觉得很多时候，你发火并不是因为孩子做错了什么，而是你自己的心太累！"

这句话，隔着遥远的距离，真真切切地触到我的胸口。

这些年，好强的我想凭自己的努力抓住人生所有，不仅想鱼与熊掌兼得，还想争得鱼与熊掌中的极品。重重压力之下，患得患失之间，我外表依然坚强如昔，可内心已薄脆如陈年旧纸。

如母亲所言，儿子并未做错什么。他来我家不过四年半，却给了我数不清的温馨、欢笑与希望。

我走进儿子的卧室，带着他爱吃的樱桃糖，问他可否接受我的道歉。

他看也不看地推开："你以为我是三岁小孩吗？两块糖就能哄好？"

我愣了一会儿，轻声说："那好，你打算怎样惩罚妈妈呢？"

他大声说："我要用开花吓到你！我用香气吓到你的鼻子，我用好看的颜色吓到你的眼睛，我用房子那么大的花瓣吓到你的手，吓跑你所有的不高兴！"

他脸上犹有泪痕，就那么笑起来，鼻子微皱，像开了一朵小小的花。

我也眯起眼睛，学着他那样笑。笑着笑着，我胸口发热，眼睛湿润，像有阳光，转过花架，流进密荫，照亮我心灵的最深处。

我想，只有先放下一些东西，才能腾出手来拥抱我的孩子。

## 2. 如果没有了天空，云彩要住在哪里

真没想到，放弃是那么难。单是心念一动，耳边就警报乱响：人人都在狂飙，你岂可减速？所有计划环环相扣，放弃一子会不会全盘皆输？

周末，公司组织一年一度的夏日游。车上大人孩子，笑语喧嚷。一切都跟往年一样，第一站是度假村，我们安排好住宿后，又匆匆按计划去各景点游玩。

儿子忽然犯了倔，不肯上车，要跟木屋门口的小羊羔玩。

众人都劝："快走呀，行程紧，耽误一样，样样都赶不上了！"

可他就是抱住羊羔不松手，惹得其他孩子也闹着要下车，我只好劝大家先走。

车子启动的那一瞬间，不知为什么，我忽然失落到恐慌，几乎想硬拽着儿子追上去。可一转身，他已经跟那个哈萨克小姑娘跑远了。整个上午，他跟小羊赛跑，跟牛犊摔跤，给那个叫其其格的女孩采了一大束花，还喝了人家两大碗酸奶。他们的笑声几乎就没有停过，咯咯咯咯的，也不知在笑些什么。

我渐渐放松下来，随意走走看看。这里极静，山顶有厚厚积雪，古松满坡满岭；山坡下，野花烂漫到无人收束，如落地不散的烟花，草原简直成了花园。我跟着两个孩子采蘑菇、摘野菜、捡松枝，忙得不亦乐乎。

黄昏，牛羊归栏，炊烟渐起，晚霞映红白雪。我躺在花丛中，惬意地听两个小孩一问一答。

儿子问："那么多牛羊吃了一整天，花为什么不见少？"

其其格答："草原上的牛羊舍不得吃花，只是嗅嗅看看，对草才用牙齿。"

其其格问："如果没有天空，白云要住在哪里？"

儿子答："住在我们的家里呀，太阳一出来，就有天空啦！"

我提议明早起来看日出，他俩同意了。

入夜，温度骤降，木屋里炉火红红。

疲惫的同事们回来了，大家兴奋地向我展示采购的雪莲、鹿茸、蘑菇干，对我没去表示惋惜，叫我看相机里的照片。我一张张翻过去：赛马，滑沙，在名胜古迹前微笑，在民俗村观摩演出……我的电脑里存着很多相似的照片，背景相同，表情相似，动作相似。

有人逗儿子："现在知道后悔了吧？"

儿子摇头，双眸晶莹，诉说着这有趣的一天。

屋中暖意融融，同事打着哈欠，嗯嗯了两声，很快沉入梦乡。

晨曦幽蓝，我叫醒儿子，轻轻出门。其其格在蒙古包边向我们招手，大黄狗跟在她身后。

日出那一刻，似乎听得见阳光如松针簌簌落地。天地间一片暖意，连微尘都亮如宝石，世界新鲜得像刚刚铸好。

吃早餐时，同事好意提醒我："你要教育孩子，不可太宠他，你们简直是白来了一趟，错过了那么多活动！"

我老老实实地回答："如果连游玩都这样疲于奔命，我情愿跟孩子一样，从容地与花草和牛羊亲近；情愿跟一个哈萨克小姑娘和她的大黄狗，静静地看草原日出。在这种时候，我才能看清，这是个美善温存的世界，不是我们想象中危机四伏的丛林。"

同事放下奶茶，微微点头。

其实，人心如白云，可以住在高远辽阔的天空，也可以住在一个孩童的屋檐下。只要心存热爱，无论住哪里，都不会错过尘世间的任何美好。


## 3. 爱要不断练习

同事临时有事，暂将女儿放在我家半日。

隔天，她迫不及待地问我："你家为何时时都有笑声，连打碎杯子也能笑到满地打滚儿？你家的白开水为何比可乐味道更好？还有……"

她的问题源源不断，仿佛我家是个迷宫，而我是那个不可思议的宫主。

当时，胆小的女孩，在喝水时打碎了儿子的卡通杯，一时间惊得说不出话来。儿子脱口而出："耶，祝贺我的杯子成为跳'低'冠军！"小姑娘抬起头，含泪笑出声。

接下来，大家都不用杯子，尝试用各种稀奇古怪的器具喝水——洗干净的半个橙子皮，卷心菜叶，甚至是自己的手心……每换一次"杯子"，我们都乐不可支，高喊"干杯"，然后一饮而尽。这样的"痛饮"，岂能不开心到满地打滚儿？

同事叹口气："我女儿除了不爱笑、不爱讲话之外，其他的都还算好！"

我引用一位童话作家的话："人生就是为了笑起来，其他都是细枝末节！"

另一位男同事踌躇半晌，终于开口："我想知道，怎样才能与孩子愉快相处呢？"

我真诚回答："爱，并且不断练习，不断改错，直到沿途莲叶接天，心中荷花映日，直到从爱里毕业！"

# 爱，让我们彼此听见

♥ 一凡

我告诉妈妈：将来，我要告诉自己的孩子，小孩要听大人的话，大人也
要听小孩的话。爱，让我们彼此听见。

妈妈说：小孩应该听大人的话，大人也应该听小孩的话。

那时，我觉得很奇怪，自己听自己的话就好了，为什么要你听我的，我听你的，多么麻烦！

小时候，我认为大人是最不听话的。什么好玩就不让你玩，比如火、水果刀、电源插座，这些比变形金刚更神奇的东西，大人天天都在玩，可你碰一碰，他们就杀啬到大喊大叫。什么不好吃，就天天要你吃，像萝卜、白菜、海带这些比袜子还难以下咽的食物，他们偏偏要说有营养。才不过九点多钟，小孩正兴奋得像只猴子，妈妈非说睡觉的时间到了，让人眼睁睁地躺在那里受罪。可到早晨，人家瞌睡得像块积木，她却非要让你睁眼睛、穿衣服、吃饭，一点也不许磨蹭。

我怀疑，大人是上天派来与小孩子作对的。如果我们成立一个自己的王国，不知道会多有趣！

可我知道，大人们即便允许了，他们也一定会抢着来做国王，那又有什么意思呢！

我想了很久，终于得出了一个聪明的结论——大人们又笨又胆小又小气，小孩不必去理会那些可笑的指令，否则我们很快会长成他们那样奇怪的人。

所以，只要一有机会，我就会做些不被妈妈赞成的事情。

我骑着儿童自行车跃过树篱，摔得眼冒金星，啃了一嘴青草；我在烟灰缸里点燃一团团废纸，最后心满意足地把烧裂的烟灰缸藏在沙发底下；我拿水果刀在楼下的草坪上挖坑，将吃完的三个杏核埋下。现在，这三棵杏树长得比我还高，比我还瘦。它们春天开花，夏天结出连鸟儿也不肯吃的酸果子，红艳艳地一直挂到坠落。

我的膝盖上、脸上、手上都留下了各种各样的伤疤，这是每一次冒险活动颁发的勋章。那段时间，妈妈说我看上去像一个刚从战场上回来的老兵，曾经参加过数不清的神秘战争。

当不断地有人说我长高了的时候，那些疤痕全都消失不见了。熟透的杏子落到草地上，干瘪了，腐烂了；丢失的玻璃球正躲在床缝里偷笑。这些都有下落，可为什么我的疤痕没了下落，它们去哪里了呢？难过的眼泪顺着脸，咸咸地流进了嘴里。

妈妈说："可能跑到比你更小的小孩身上了吧！"

我暗自高兴，连伤痕都喜欢小孩儿，我们多么了不起！

我用水彩笔在胳膊上、腿上画了几道伤痕，把所有人都吓了一跳，要送我去医院。我笑得气都不够用了，妈妈开始站着笑，再后来就蹲下笑。

我给她画了一只手表，她举着手腕向大家炫耀，还问别人："几点啦？几点啦？"

我终于长大要去上学了，我觉得自己变得更加聪明能干了。我知道哪一片树林会跑出可爱的小松鼠，我猜得出明天的动画片的大部分情节，我一口气能吃一笼小笼包。总之，我觉得，我更没有必要听妈妈的话了。

春天的早晨，阳光很好。我换上那套拉风的足球服，妈妈断言："你会感冒的！"

我坚持说自己很热，必须穿得这么凉爽才能听进去课。

出门时，妈妈叹口气："伤风是很难受的，再给你一个机会，换不换？"

我大声回答："不！"

一出楼门，我像猛地被谁推进了冰水里，全身都在打哆嗦。

妈妈从阳台探出头，手上举着我的外套："再给你一次机会，穿不穿？"

我挺起胸膛，仰起头："我一点也不冷，不要！"

于是，我眼睁睁地看着妈妈进去了，那件厚厚的外套也消失不见。

我猛地跳了几跳："哼，妈妈也太听我的话了，她干吗不固执一些，硬将外套扔下来。我会抱在怀里，快快跑到她看不见的地方穿上。"

现在，冷风直吹，我冻得双手抱肩，连头也不敢抬。战战兢兢地走到学校，好容易进了教室，才知道屋里比外面更冷。我的鼻子像有一千只毛毛虫在钻进钻出，又酸又痒，一直打喷嚏。旁边的同学听不清楚老师讲课，脖子不停地向前一伸一伸，头侧过来又侧过去。我想笑，眼泪却流了下来。

那天，我和坐在我附近的同学，谁也没听懂老师讲的内容。可我懂得了，妈妈说的话都是对的。

开始，我以为她只是碰巧说对了一次。可后来，事实一次又一次证明，妈妈有未卜先知的能力。

她说吃太多蛋糕会撑得胃痛，果然是；她说在秋千上不抓紧会掉下来，果然是；她说只要好好听课好好复习就能得好成绩，果然是。

一桩桩事情都被验证后，我猜测妈妈真的是天使，她太强大了，有着比巫师更强的预言能力，猜得出一切事情的后果，不管是好还是坏。

大人说的话都是对的。当我明白自己的愚蠢之后，立刻变成了一个听话的孩子。

妈妈说，不要多看电视，眼睛会近视。我就乖乖站起来，去电脑上看未看完的动画片。

妈妈说，小孩子不要喝太多可乐。我马上就请求喝早就想喝的红葡萄酒和啤酒。

妈妈说，勤刷牙能防止蛀牙。我那天早晨刷了六遍牙，让全家人惊诧到说不出话来。

妈妈跟我解释了半天，我才明白，小孩应当多做户外活动，眼睛才能明亮；应该多喝白开水，才会少生病；每天早晚刷牙、饭后漱口就可以了，不必十分钟刷一次。

我连连点头，因为我想有一双火眼金睛；我不喜欢感冒流鼻涕咳嗽；十分钟刷一次牙虽然很好玩，可我的牙膏会很快用光。


渐渐地，我变得越来越听话，不闯祸、不闹事、不哭泣。到后来，不管什么事，我都会主动去问妈妈。

同学要过生日了，我问妈妈送什么礼物好，她建议送棒球帽，那位同学果然很开心；老师通知带书本费，我总是记不住，妈妈说写在手上就不容易忘掉；叔叔带我出去玩，要请我吃烤肉串，我想了想，还是打电话问问妈妈吧。当妈妈说可以吃时，我放心地接过一把肉串，一块块吃掉。

晚风吹过来，我觉得无比惬意，凡事都有正确答案，而我，只需照大人说的去做就好了。当很多人夸我懂事、听话、是个好孩子时，我心里万分得意，打算一直这样做下去。

妈妈却给我读了一位台湾作家说的话："有些人的生命没有风景，是因为他只在别人造好的、最方便的水管里流过来流过去。你不要理那些水管，你要真的流经一个又一个风景，你才会是一条河。"

我不懂，妈妈就认真解释："你得学会用自己的脑袋思考，凡事不能只找大人要主意，要有自己的想法。"

我想：小孩的脑袋小，大人的脑袋大，小孩哪里聪明得过大人！小孩的想法都是错的，到头来总是自己吃苦头，不如按照大人说的做。

过了几天，我问妈妈："老师让我们做小记者，采访三位家长，问问他们怎么看待小孩子的成绩。我采访谁好呢？"

这一次，妈妈对我的事不像从前那么热心了，她问我："你觉得谁好呢？"

我愣住了："我不知道啊！"

妈妈说："你再想想，不然就没有办法完成作业了。"

我心里有些失落："你不帮我想吗？"

妈妈没有拒绝，她和蔼地回答："我们一起商量行吗？"

这句话给了我一些安慰，心里没那么胆怯了，便提出两个人选——安阿姨和王阿姨。

妈妈提醒我，安阿姨最近病了，王阿姨家没有小孩。

我仰着头，想了好一阵："那赵叔叔和李叔叔呢？"

妈妈觉得可以，她又给我推荐了楼下的王伯伯，并让我自己去跟他们联系。

我的呼吸变得有些困难："如果他们不接受采访呢？"

妈妈温和地说："我们再想办法。"

我知道，她说的我们，其实还是我自己。

见妈妈没有再帮我的意思，我反而变得坦然了，自己结结巴巴地打电话，像模像样地跟他们说采访要求，并约好时间地点。这些都是老师在课堂上讲的程序，我原以为用不着的，现在竟成了我逃生的降落伞。打完电话，我的后背都湿透了，妈妈冲我伸出大拇指。我心里的怨气没有了，觉得自己并不是个处处碰壁的笨小孩了。成功采访回来后，我觉得自己简直跟大人一样聪明。

妈妈却认为，我比她还要聪明。

抽屉坏了，她手足无措，一连声地问我："怎么办？怎么办？怎么办？"我去看了看，不过是螺丝脱落了，也用得着这样惊慌？难怪人家说女生最爱大惊小怪！我找来工具，几分钟就修好了。看着妈妈无限佩服的表情，我心中暗自得意，脸上却装作没什么。

接着，妈妈有越来越多的事求助于我，她问我怎么与同事的调皮小孩相处，怎么才能记得先拿钥匙后锁门；她向我学习如何玩滑板，学习怎样吹口哨。我看得出来，妈妈是真心地学，并不是做样子。

在学习滑板和口哨这样的事情上，妈妈显得很笨拙，学得满头大汗，我也教得满头大汗。

她有些惭愧地看着我，我以为她为学不会而介意。

她却说："你比我有耐心多了，要是我教了这么久，早就开始发脾气了。谢谢你！"

我心平气和地回答："可能是你教得太多了吧！"我从吃饭、说话到走路，没有一样不要她教，难怪她急。

我向妈妈感叹："你要不教，我到现在还像个土豆那样傻吧！"

她笑起来："我们中午吃土豆丝吧！"

现在，我就要初中毕业了，我们还保持着从前的习惯。无论遇见什么困难的事情，都会坐在一起认认真真地商量，谁也不会认为谁烦。

我不觉得小孩子有什么秘密不能告诉大人，而妈妈也从不轻看我，家里一些很要紧的事情，她都会郑重地跟我商量，如果觉得我的主意好，一定会照着做。

当我们有谁心情不好的时候，另一个人一定会放下正在做的事情，耐心地听对方诉说。可以放心地抱怨，可以放心地流眼泪，可以将手放在另一只手里，有这样一个值得信任的人坐在对面，无论多么难过的事情，都会过去。

我说，是妈妈使我成长；妈妈说，是我让她坚强。我们都不完美，却很幸福。

我告诉妈妈：**将来，我要告诉自己的孩子，小孩要听大人的话，大人也要听小孩的话。爱，让我们彼此听见。**

# 最温柔的守护

❤ 继荣

如果金盏花会说话，它一定会告诉我：在那一年的漫漫长夜里，我遇见了一个孩子最温柔的守护。

我一进门，儿子就蜜糖般黏过来。

我绷起脸："自己去玩，妈妈要赶工作！"

他作挥动皮鞭状："妈妈是牧羊女，要把工作赶到草原上去哦！"

我不禁莞尔，多可爱！真希望与他整日痴缠，享受那果汁般的娇言痴语，不错过他的一颦一笑，让寸寸时光都簪满山花。可我知道，我不能。

在我心中，工作至尊。生命里只应有两个程序——上班和加班，游戏、娱乐势必彻底删除，甚至吃饭、睡觉都嫌浪费时间。我的心，像白月光下的鸟儿，惊悸不定，总以为天亮了，迟飞一秒，必将万劫不复。

医生曾告诫："你胃痛、失眠、易怒，要多休息。"可我必得坐在电脑前，手指敲击键盘，才会安然。我常常觉得，自己是一支箭，呼啸着向前，无法稍做停留。

儿子敲门，说要变魔术，我不情不愿地走出去。他叫我认真看餐桌上那杯咖啡，我看了足足有三分钟，它仍是一杯咖啡，并没有变成一杯奶茶。我叹口气，抽身要走。

儿子嚷道："看呀，看呀，每次鸟儿飞来了，影子就落在杯子里，咖啡就笑了！"

果真是这样。窗外，斜阳淡金，归鸟疾飞。那些细碎的鸟影，不时掠过杯中的咖啡，烟霞满杯，鸟影满杯。儿子意犹未尽，端走咖啡，将那块纯棉桌布，三折两折，弄成了一张笑脸。

可这又怎样呢？工作仍然牵着我的魂，世上并没有一种魔术，能将一天变作四十二小时。我漠然转身，却听到儿子在身后叫道："妈妈，桌布会笑，咖啡会笑，你为什么不笑？"

我只怔了怔，便走进书房，在电脑旁坐下来。不知过了多久，忽然停电，在一片漆黑中，我抱住头，几乎想哭出来。

儿子捧着烛碗，倚门笑道："妈妈，我们一起去看星星吧！"那一个无邪的笑，与水晶碗里的红烛相辉映，竟让人无法拒绝。

我虽口中喃喃："莫非星星会为我点一盏灯，让我继续工作？"可脚却不由自主地跟了出去。

我学着儿子，坐在秋千架上；学着儿子，抬头看星星。因为没有灯光，星空格外清晰：近处的星星，晶莹欲滴，远处的星星，温婉润泽，整个世界，都住在繁花匝地的童话里。

他提议："我们每周来陪星星说话吧，如果没人跟它玩，星星就再也不肯回家。"

我笑起来，每个孩子都是诗人啊！可我没有允诺"诗人"，因为我知道，我做不到。

儿子生日，我狠下心，挤出一天时间，准备陪他去儿童乐园，玩遍所有游乐项目。下楼时，他告诉我，前天买的那张动画影碟很卡。我拿到附近的音像店，要求退换。

女店员接过碟，慢吞吞地弯下腰，这里翻翻，那里摸摸，甚至有一会儿还停下来，侧着头自语："我记得在这里呀！"

我站在柜台外边，不时看表，一迭连声地催她。她抬起头，尴尬地擦着汗，不停道歉。

我不客气地说："我们要排队，要买票，要游玩，时间紧着呢，你再快些吧！"

儿子打开画簿，边画边说："妈妈，不要催阿姨，她很累！"

见那店员四处张望，我忍住气，半嘲讽半提醒道："除了最上层，你好像都找过了！"

她迟疑片刻，移过一架梯子，笨拙地爬到高处。此时我才发觉，她竟是个孕妇！

这一瞬，我的汗从额头直流下来。我这坏脾气的人哪，让急躁遮住了双眼，如此苛责一个行动艰难的孕妇！

店员依然好脾气地笑着，将新的碟片递过来，我却不知该怎样表达自己的歉意。

儿子把画簿打开："阿姨，这张画送给你和宝宝哦！"

画里，是一颗大糖果和一颗小糖果，它们都穿着金色衣裳，有大大的翅膀、笑笑的嘴巴。女店员开心至极："谢谢你，这是我和孩子收到的最好的礼物！"

儿子的签名，写在一颗小小的心里。童年的心，因为很小，所以很大。

去儿童乐园的3路车来了，儿子却赖在我胳膊上："妈妈，我们骑自行车去好不好嘛？"

那声音似碧荷上凝露，银碗里堆雪，我哪里抗拒得了？虽一百个不愿意，我还是乖乖去地下室，搬出那个落满尘埃的古董——车胎是瘪的，链条嘎吱吱叫唤，车闸也坏了。儿子欢天喜地，一迭声地叫拿去修。

我一路询问着，好不容易找到一个小小院落，门前挂着个布招牌——修理各种自行车。

院子里，一老一少在下棋。儿子叫一声"爷爷"，那须发皆白的老人立即拂乱了棋局，细细看这辆刚"出土"的自行车。

那年轻人惊叹道："要大修呢，至少需要两小时，你们先忙别的去吧！"

我还未出声，儿子已笑逐颜开："太好了，我们可以看怎么修自行车喽！"他欢欢喜喜蹲下来，一口一个爷爷，老人禁不住微笑。

关于修车，儿子有十万个为什么要问，而那老人，有十二万分的耐心去解答。听着这悠然的一问一答，我的心也变得安然，静静坐在小马扎上，看屋檐上燕子来来去去。

老人补胎，儿子帮着涂胶水；老人卸螺丝，儿子就给递扳手，两人满手都是油。

日影悄移，院里，夹竹桃开得粉艳，旧收音机里播放着老歌。时光，如微温的缎子，一寸寸绣着静好时光。

终于，老人满意地嘘口气，将焕然一新的车子交回我手里。他炫耀般地摇一下车铃："放心骑吧，都修好了！"

我再三向老人道谢，儿子却俯在他耳边，悄声说着什么，老人放声大笑，皱纹里都铺满了和煦的阳光。

我听从儿子的建议，不去游乐园了，骑着这辆光闪闪的车子，四处游逛。

我们在路边停下，跟一个卖棉花糖的老妇人聊天，儿子还学做了一支棉花糖，自己买来吃掉；在烤肉摊边，他跟那个维吾尔族小伙学烤肉串，并学了一串维吾尔语；黄昏时，我们站在广场上，看一群年轻人跳街舞。儿子买了两只气球，说要送给修车的老爷爷。

我突然想起什么，惊叫道："我忘了付他修理费了！"

我们冲回小院，老人出去了，那年轻人只肯收下气球，不肯要钱。他犹豫了一下，笑笑说："从我母亲病逝后，两年半了，老爷子从没笑过。今天，我很感激这个小朋友。"

我愣住，这小小的人儿，并不知老人的痛苦，可他却能在无意中令这沧桑的人绽开笑颜。难怪有人说，童心的房子，就住在神灵的房子旁边。

在儿子的"纠缠"下，我的焦虑症状好转，胃痛、失眠等折磨人的小毛病也都不辞而别。

五月初，恰逢我休假，便想出去旅游。

儿子摇头："我要去外婆家！"

我耐心告知，乡下虽好，可没有空调，没有网络，叫不到出租车。

他仍然坚持："我要去外婆家！"

外婆家在一条古老的小巷里，前有麦田，后有菜园，门前开着金盏花。

夜里，我忘记关窗，清晨，许多新生的扁豆藤缀满花朵伸进屋来。儿子在窗下发现一只旧马灯，被扁豆藤缠缠绕绕，开出无数的紫色碎花。外公细心地解开藤蔓，擦擦灯罩，加点煤油，居然点亮了。

傍晚，儿子得意扬扬，拎着马灯走来走去，照照吃奶的羊羔，照照米缸，照照花布盖着的老缝纫机。

最后，他在过门槛的时候被绊倒，跌碎了灯罩。儿子放声大哭，哭累了就睡着了。

早晨起来，他完全忘了伤心事，欣欣然站在炊烟里，一遍遍学公鸡打鸣。煮粥的外婆笑到手颤，将绿豆撒了一灶台。

吃晚饭时，外公笑得捂着嘴，叫我去看看儿子在做什么。我在巷子尽头找到他，儿子说，太阳要落山了，他很舍不得，于是用红笔在墙上描啊描啊。

他笑道："你看，现在整个巷子都红了！橙红的金盏花，在风里点着头，每一朵，都像是从我心里开出来的。"

如果金盏花会说话，它一定会告诉我：在那一年的漫漫长夜里，我遇见了一个孩子最温柔的守护。

# 不要只让我看到你的坚强

一凡

不要只让我看到你坚强的一面，其实，我也愿意看到你软弱的一面，无论在什么时候，你都是我最喜欢的人。

这个春天来得很艰难，寒流、沙尘暴、冰雹，三番五次地袭来，可是杏花还是开了。

在杏树林里，妈妈走得很慢很慢，她恨不得把所有花都看一遍，然后对每朵花说："你好啊，你辛苦了，你真美呀！"可花期最多五天，照她那样的看法，看到花谢也看不完啊！

我说："用相机拍下来，回家慢慢看吧！"

她轻声问："那你有时间吗？"

我一下子想起去年，也是花开的时候，她兴致勃勃地要我教她怎么拍照。她不知道怎么拿相机，不知道要取掉镜头盖子，不知道开机键在哪里，仿佛这不是相机，而是一头怪兽。她仿佛来自古代，将这机器战战兢兢地捧在手里，站也不是，坐也不是，看上去很可怜。

我教了半天，她仍然不敢动手拍，趁我接电话的时间，她拍了几张，却说什么也不让我看。

我又好气又好笑："即便不好看，也不要紧啊！你又不是造物主，那么紧张干什么？"

最后，妈妈到底背着我把相片删除了。

我叹息着问："你这样胆怯，什么时候才能学会呢？"

她很气馁："我明天再学吧！"

就这样，明日复明日，她一直都没有学会。现在，连学习的勇气都没有了。

我劝她："你先端起来，试着拍一张。"

她转来转去，东看西看，就是不肯摸摸相机。

我鼓励她："你那次用阿姨的相机，不是拍得很好嘛，别怕，有我帮助你呢！"

她只是坐得远远的，翻看着说明书。

我急了："你如果不学，我就去教别人的妈妈，让她们都能拍出好照片！"

她不生气，也不说话，只是放下说明书，活动着手脚。

我笑起来，只是拍个照片而已，又不是去打架搬东西，要这样郑重其事！可活动了半天，她竟然悄悄地走了，终究没有勇气拍一张照片。

我诚恳地跟她谈话："那时，我害怕游泳，你是怎样鼓励我的，你忘了吗？"

那时，妈妈对我说："你可以学不会，这世上学不会的东西太多了，但你不能没有学习的勇气。你去学，哪怕失败都是好的。至少能让自己知道，在这世界上，我并非无所不能。"

现在，轮到我告诉妈妈这些道理了。

她孩子气地笑笑："原来教育别人很容易，可自己去做，却是很难！"

我初学游泳时怕水，一进入水中就会感觉世界末日到来时的绝望和恐怖，所以一拖再拖，很长时间才敢下水。等到学会之后，我爱上了游泳。那么，妈妈怕什么呢？据我所知，她是个很好学的人，也并不怕吃苦。

有一次，我跟阿姨说起这件事，她若有所思："你妈妈哪里拿得动那个相机！她多年前生的那场病，手脚都留下后遗症，根本就没好利索。上次用我的相机拍照时，她的手抖得厉害，把相机都给摔地上了！"

我惊奇地说："怎么会呢？妈妈说她全好了，一点问题也没有了！"

阿姨说："她那是怕你们担心呢！她现在打字，小拇指根本不听使唤，一直在捣乱，其他手指也不是很灵活。你们家的那个相机那么重，叫她怎么举起来嘛！"

我辩解道："那个相机有带子，可以挂在脖子上的。"

阿姨拍拍我的头："她颈椎痛得厉害，最好还是不要再挂什么重物啦！"

可是，妈妈却告诉我，她的颈椎只是偶尔疼，疼的时候几乎感觉不到，我居然也相信了。

这些年，她会为感冒眼泪汪汪，会为牙痛捂住脸呻吟，可她从未告诉过我，她有一双仍然软弱如婴儿的手，有一个脆弱的颈椎。我一时弄不清楚，妈妈是软弱的还是坚强的。干脆去问她吧，我相信她会给我一个真实的答案。

妈妈想了一会儿，说："每个人都有软弱的一面，也有坚强的一面。只是在软弱的时候，如果有亲人和朋友的鼓励，就会变得坚强。"

关于摄影，妈妈说除了手的原因，她确实害怕去记忆那些复杂的功能。她给我看她用手机拍的杏花，每朵花都那么娇嫩，也那么勇敢。妈妈将那些图片上传到电脑，并给其中一幅最漂亮的杏花图配上了文字："无论遇见多少风雨，都要为自己，为春天开一朵花。"

我对妈妈说："不要只让我看到你坚强的一面，其实，我也愿意看到你软弱的一面。无论在什么时候，你都是我最喜欢的人。"

# 静听花开的声音

❤ 继荣

此刻，仿佛全世界的雨都落在我的头顶。可是，信不信由你，我依然能
听得见花开的声音。

常常有人逗儿子："你妈妈最爱谁？"

他答："我和花！"

他告诉人家："妈妈说，每朵花都是一个秘密通道，通向神仙住的地方，那些小虫子只来到洞口，就得到了满捧的蜜汁。"

每当我因错过花期而长吁短叹时，儿子都会安慰："等我长大了，会把世界上所有的花都送给你！"

我连忙伏在地上，拼命练习俯卧撑。

他惊奇道："你干什么？"

我气喘吁吁："我要练成大力士，如果你记得今天说的话，我到时候就有力气抱得动全世界的花；如果你不记得，我到时候就有力气揍你！"

他也赶紧伏下来："啊，我要扛花，还要挨揍，更要练肌肉了！"

我们几乎笑趴下。

现在，他上初中，口口声声说自己长大了，给我扛米、扛面、扛书箱。当然，我也收到他扛来的一捆捆鲜花。

儿子振振有词地提出废除午觉——越睡越困，班里有同学从不午休，照样神采奕奕一整天！

他说中午写作业，晚上早早睡，我勉强答应他先试试。

可他还没完："我想在你的卧室写作业！"

我断然拒绝："你自己的屋子光线最好，何况我午睡时不习惯旁边有人！"

他软磨硬泡："我喜欢新鲜的环境，我会把自己设置成静音，不会吵到你！"

见我不理，他又要求在我卧室旁边的餐厅写。

我让步了，但为表达愤怒，特意跑到餐桌前拍了一把桌子："下周，你会不会到卫生间写作业？"

他笑嘻嘻地回答："也许是地下室或阳台呢！"

我惆怅地想，十多岁的孩子，一脑子转基因的想法，也许有一天，他会像蜘蛛侠那样，趴在房顶上写吧！

我常常在恍惚之中，见他探头探脑，便合着眼睛问："你有事吗？"

他回答没有，迅速离去。

几次三番之后，我觉得古怪："你有什么事要找我，不必鬼鬼祟祟的，趁早快快说出来！"

我想，不过是要组织什么自行车赛，或者是参加徒步小组之类的探险活动，再不就是要搞一个捐助活动要家长支持吧！

见我走出来，他倒好，飞快地回到餐桌旁边，假装专心致志地写作业："哎呀，妈妈好吵，我都想不出来了，你快去睡觉吧！"

他不说，我只好继续睡觉。

我午睡时，常常梦魇：眼目能视，头脑清醒，只是不能说话，不能动，像被人点了穴，要挣扎很久才能醒来。醒来后头晕目眩，胸闷气短，那种难受无法言说。

而现在，只要我一梦魇，就会有一只手轻轻地摇醒我："妈妈，妈妈，醒醒，醒醒！"

一次，两次，三次……每一次，他都准时出现在我身边叫醒我，让我免去煎熬。时间一长，我再笨也明白了一件事。

我叫过他来，看着他的眼睛，里面红丝缕缕。

我问："你不愿午睡，你搬到这里写作业，你跑来跑去地看我，就是怕我会梦魇，是不是？"

他躲开我的目光，胡乱地收拾书本："哎呀，哎呀，要迟到了，不跟你说了！"

他咚咚咚咚地跑出去，跑进盛夏火一般的阳光里去，屋外的树，绿得像灼人的眼睛。

晚上，见我不理他，他讪讪地说："我在你卧室里打地铺睡吧，我最喜欢睡地铺啦！"

我不说话，他又说："我想过了，我们养一条小狗吧，在你梦魔时，它会叫醒你！"

他搓了搓脸，忽然笑起来："我想起来啦，你每次梦魇似乎都是在三点以后，我把闹钟定在三点，这样你就可以醒来啦！"

真的，打那以后，我很少梦魇。每当觉得有些难受时，蜡笔小新就会瓮声瓮气地喊："宝贝，起床啦！宝贝，起床啦！"

这个夏天，我收到的是向日葵吧！明亮的花瓣，大朵大朵热烈的笑容，足以唤醒整个夏天，唤醒生命中最困顿的时光。

很多天了，我总觉得困乏，不想说话，爱忘事，动不动就发火。我服用药物调理，我与朋友散步聊天，我在做家务时大声唱歌："苏三离了洪洞县，将身来在大街前，大街前，大街前……"我记不清词了，苏三只能凄惶地停留在大街前，我恨恨地将拖把扔在地上。

忽然传来热烈的掌声："唱得好，唱得好呀！"儿子从房间走出来，拿起拖把，边拖边说："你最近好像不开心？"

我微微点头："医生说大概是更年期，变老已经很惨，还要在更换身份时交出活力和快乐！"

他扶住我的肩："没关系，有我呢！"

中午，我跟他说一句话，他没听清："什么？"

我闷声道："没什么！"

他笑嘻嘻地来吃饭，我不高兴地问："手洗了吗？"

他吓一跳，连忙起身去洗，走到卫生间又笑起来："我洗过了，你一凶，我就忘了！"

我吃了两口，感觉饭菜都不对胃口，便停下筷子发呆。

他试着跟我闲聊："元旦我们想搞个活动，我有没有婴儿时的照片？"

我忽然恼怒："干吗问我，你自己不会找找？"

他惊了一下，吐吐舌头。

我有些抱歉，叹口气去帮他找照片。莫名其妙地，我拿出了久未碰过的首饰匣。打开来，只觉眼前流光溢彩，那些珠玉般的青春时光，若是也能收藏在匣子里，该多好！

我抚摸着那个精致的绣花缎袋，里面有两个戒指，有很多花开般的回忆。打开一看，我惊呆了，里面是两颗闪闪发光的玻璃弹子！

我顿时怒气冲冲，叫过儿子，让他看。

他惊叹道："这个玻璃弹子，应该是我四五岁时玩的吧，怎么会在这里？"

我怒不可遏："好好想想，你把我戒指放哪儿了？"

他惊得无言对答，不停地挠头。

我也知道自己过分，小孩子的把戏，睡一觉起来就忘了，何况隔着十年的光阴！其间，我们还搬过一次家，丢掉过很多东西。可我的负面情绪通通变成恶言恶语，如失控的火车，轰隆隆地撞向最亲近的人。他看着我，眼里泛出泪光。

我冲进卧室，躺在床上，用枕头盖住头，羞愧恐慌得像个孩子。

他给我盖上被子，在我身旁坐下来，簌簌地翻开枕边的书，给我念："当路上遇上河流的时候，我学会了游泳；当路上遇上山脉的时候，我学会了攀登；当路上遇上沟壑的时候，我学会了跨越；当路上遇上美景的时候，我学会了欣赏……"

他一首一首地念下去，就像当初，我给小小的不肯睡觉的他念。

时光，仿佛一点一点地流回去。

我偷偷揭开被角，小声提醒他："你要迟到了！"

他停顿了一下，温和地说："今天下午不上课，老师有活动。外面下雪了，我们出去看雪吧！"

我欢呼一声，立即爬起来，穿大衣，系围巾，跟着儿子下了楼。我们仰头让雪花落在脸上，我们在树林里打雪仗，我们踩着无人走过的雪地，走到很远很远的地方。

雪，不知在什么时候停下来，空气清冽如酒，我的心，像雪后的晴空，干净而明朗。

回来后，我们一起找他小时候的照片，居然找到了儿子小时候戴过的长命锁、银手镯、玉佩……而且，那两枚戒指赫然躺在其中！他给我戴上，并夸赞道："多漂亮的手指！"

我忽然想起来："明天是母亲节，你送我什么？"

他慢条斯理地告诫我："你还年轻，不要跟着别人瞎起哄，过什么妇女节、母亲节，可礼物还是有的！"

他从衣袋里掏出一个小小的盒子，里面是一枚银色的梅花胸针，标价十元。

我喜出望外地别在衣服上，不停地照着镜子。窗外风声呼呼，屋子里却很暖和，我的心里开出一小朵一小朵梅花。

后来我才知道，那天根本没有放假，而且下午有英语测验。十五年来，他第一次对我撒谎，第一次旷课。可是当老师给我打过电话后，决定不减去他的操行分。我决定，即使老了，也不减去我的活力和快乐。


儿子催我："你这几天怎么不去看花？再晚就会谢了！"

我埋头打字："不，我有好多工作都没有完成。"

他嘟囔道："谁总爱说自己颈椎疼，谁总爱说自己视力减退……"

我威胁道："少啰唆，我会去告诉老师，说你在家里话太多！"

他笑道："老师才不管这个呢，倒是你的那些'花亲戚'，都在责怪你吧？"

这句话，当真打动了我的心：那些花儿，不知有多么想我呢！从它们还是不起眼儿的小花苞时，我就天天去看，到现在应该开得芬芳动人，完全可以嫁给皇帝或王子了吧！

于是，我们出发去看"亲戚"。

白槐花、紫槐花，不动声色，却把大街小巷都灌醉了；蔷薇花、玫瑰花，只打了一点点小苞，却最牵人的心。总想着再有一袭暖风，明天就会怒放了吧！

最后，我们去了公园。那里的花开得更繁盛，连亭子边、石阶缝里、长椅下面，都开满了各色各样的野花。水边、岸边、山上，凡有花处，我都要去探望一下。

不知不觉就出了公园，这时，北边天空漫上一阵黑雾。

儿子笑道："黑风怪要出山了，咱们回去吧！"

我兴致正浓，哪里肯停步，他只好挽着任性的我继续向前走。路越走越生僻，风吹得人踉踉跄跄，沙尘漫天，能见度不足五米。我乖乖回头，可我们迷路了，东绕西绕，绕进了一片戈壁。

我无限歉疚，俯在他耳边说："都怪我不好！"

他握住我的手："不用怕，我来过这里，可以带你走出去！"

他叫我闭上眼，闭上嘴，不要让沙子进去。不知走了多久，风停了，白雨骤然而下，黄尘消散。他无比惊喜："可以看清路啦！"

我们相互搀扶着，深一脚浅一脚地向前走，好容易到了公园，立刻冲进亭子里避雨。

他命令我："你在这里好好地坐着，我回家拿雨伞和雨衣。"

当他骑着自行车赶来时，整个人都在往下滴水。他急着给我送雨衣，却忘了自己一直在淋着。

我稳稳地坐在他的车子后面，他奋力向前蹬，车轮激起一串串水花。

**此刻，仿佛全世界的雨都落在我的头顶。可是，信不信由你，我依然能听得见花开的声音。**

# 妈妈，认识你很高兴

❤ 一凡

我想像小时候那样，藏在绿荫的后面，等她经过的时候忽然出现，只为告诉她一句："妈妈，认识你很高兴。"那些高处的白杨树、低处的蔷薇花，一定会在风里发出响亮的笑声，像所有明亮而鲜艳的五月。

最初的时候，我认识的妈妈是一个普通人。

她拿重的东西上楼时总是气喘吁吁，要分一些给我；她削土豆皮时不时削破手指，是我帮她贴上创可贴；尤其是外出的时候，她总是辨不清方向，记不住走过的路，总要我帮忙判断。

后来一件偶然发生的事，让我大吃一惊，认识到妈妈是一个有超能力的人。

那是一个夏天，太阳一出，整个小城就像煮在热汤里，天热得哪里也不能去玩，下楼走一趟，就像是踢了一场球，汗流浃背。我很想把家里的空调卸下来，背在身上到处走。

漫长的白昼，我不肯好好午睡，隔一分钟就问妈妈一遍："为什么还不下雨？"

下雨多好呀，一下雨天气就会凉下来，全世界都在笑。柳树笑绿了，蔷薇花笑红了，鸽子用翅膀笑，小狗用耳朵和尾巴笑。所有的小朋友都能见面，即使玩得吵起架来也很少向家长告状，就算气哼哼地去告状，家长也会愉快地笑着，摸摸小孩子的头，不当一回事。

可是，为什么还不下雨呢？

问了十五遍之后，妈妈说她来祈雨。

我见过动画片里祈雨的场面，要成千上百的人举行浩大的仪式，热闹又紧张。可妈妈祈雨的方式不同，她拿出吉他，翻开乐谱，开始轻轻拨动。

我有些怀疑：这样简单随便，又是这么微小的声音，连隔壁的人家都听不见，怎么能传到遥远的太空呢？

我渐渐在琴声里睡着，梦见火热的太阳追赶我，没有一片云彩、一滴雨来救我，在金色的火焰里，只有微风一样的音乐。

不知过了多久，醒来的时候，耳边换成了淅淅沥沥的声音，窗户的玻璃上爬满了密密的雨点，空调和加湿器都在休息。我几乎是飞到楼下的，空气湿漉漉的，树叶被洗得发亮，树篱间那些小野花，平时灰扑扑的，此刻全都亮得像星星，发出骄傲的光芒。

啊哈，妈妈祈雨成功啦，每一滴雨都听见了她的琴声。

我掩住嘴巴，生怕自己叫出声来。原来，妈妈是个有超能力的人，只是怕别人发现，所以装成一个普通人，装作很吃力地拿起一箱水果，装作不小心削破手指，装作认不清道路，好让我也认为她是个平凡人。

我开始悄悄观察这个超人，没过多久又发现了很多证据。

我借小朋友的漫画书找不到了，急得不肯去幼儿园。妈妈说，她保证我放学回来就能找到，下午回家，果然就在抽屉里找到了，而且比原来的更新一些。

妈妈还有更厉害的本事呢！我希望早操的时候不合脚的鞋垫不要从脚后跟偷偷冒出来，我希望每天早晨都能吃到热乎乎的甜玉米，我希望小自行车的链子不要发出异响……我仅仅是在心里想一想，她就能帮我达成心愿。她不是超人，谁还会是超人呢？

我一直守住这个秘密。我知道，一旦有怪兽出击，人类将要遭到毁灭时，妈妈就会出现在所有人面前，发挥她的超能力，这是一件多么叫人激动的事情，连想一想都热血沸腾。有这样一个妈妈，我在梦里都感到自豪而骄傲。

也许，我长大之后也会有妈妈这种超能力，我一定要做许多惊天动地的事情，成为一个了不起的大英雄。

但接下来发生的一切，却让我对妈妈非常失望。

我希望地下通道里那位拉琴的叔叔，能够像我们一样拥有有力的双腿，不是坐着用手走路；我希望住在另一个小区的美丽姐姐，能够像我们一样大声说话唱歌，而不是用手语同人交流；我希望集市上那位卖绣花鞋垫的老奶奶，能够直起腰来舒舒服服地走路，而不是永远佝偻着前行……

可是，妈妈并没有用超能力帮助他们，一个也没有。

我终于认清了妈妈是一个什么样的人：她跟我企望的超人截然不同。她是一个自私的人，不会花心思去拯救地球，也不会花力气去与怪兽打斗，她只关心自己的家人，而对别人冷冰冰。她浪费了她的超能力，我很生气。

我想：等我长大了，成为一个具有超能力的人，一定不会像妈妈这样小气，我会成为一个大英雄，等着瞧吧。

又到一个夏天，我再一次认识了我的妈妈。

2000 年 5 月 23 日的早晨，妈妈叫醒我，说她没有力气穿上袜子，也无法扣上衣服的纽扣，叫我帮忙。这些轻而易举就能完成的事情，我迷迷糊糊之间都做到了，我想她一定是饿了，才会没有力气，就打开一袋牛奶递给妈妈，她却怎么也拿不住。那天早晨，是邻居阿姨送我去的幼儿园。

放学的时候，我去医院里才看到妈妈。她躺在白色的病床上，没有一丝力气，输液架上有一大瓶液体，医生说药液的名字叫能量。妈妈很快转院，她所有的力气都消失了，只有眼珠还会转动。她静静地看着我，是熟悉而安静的眼睛，眼睛里有五月的晨曦。

我终于知道，我误会了妈妈，她完全没有超能力，只是一个平凡的人。她不会叫没腿的人走路，她不会叫失语者讲话，她没有能力让伛偻的老人直起腰来……她无法拯救人类和地球，她是那么纤弱和普通，甚至连她自己都无法抗拒病痛。

我错以为妈妈是超人，能够以琴声祈雨。我并不知道，她早就看到了天气预报，但童心未泯的她，却愿意以另一种方式，浪漫地告知我下雨的消息。我弄丢了朋友的漫画书，她没有责怪我粗心，而是另外买一本偷偷放在抽屉里，等我惊喜地找到。

还有很多很多的事情，都是一双大人的眼，看穿了小孩子天真的小心思。所以，她点亮了我心愿树上的那些小星星，不是因为有超能力，不是心念一动就能做到，而是花了我看不见的时间和精力。年幼的我，却把那些事情认作超能力，怀疑妈妈来自太空中另一星球，肩负着拯救人类的使命。

这个普通人，像新生儿般一步步学习走路，一次次练习刷牙，一次次试图自己用钥匙打开门……我比从前长大了一些，能扶着妈妈的手散步，能把跌倒的她拉起来，能在她哭泣的时候，默默坐在她身旁，等她散尽抑郁，然后再第一千零一遍地陪她练习走路。

有一次下大雪，我们一起去医院做康复理疗，路太滑，"咕咚"一声两人齐齐摔倒在地。我们坐在雪地上开怀大笑，笑得拍手，笑出了眼泪。

你瞧，我们谁也不是超人，哪有超人会摔个屁股墩儿的，超人都是一展臂膀就飞向茫茫太空，全身发出灿烂光芒，照亮世人眼睛。

我们都是平凡的人，有着柔软而脆弱的血肉和骨骼。我们无法彻底打败生命中出现的怪兽，一次疾病带来的损伤也要花漫长的时间和精力去恢复。好在，我们始终相互陪伴，无论岁月的礼包里藏着幸与不幸，我们都可以共同分担。

妈妈终于学会了走路，虽然她不能再奔跑；妈妈终于学会了写字，虽然字迹稚拙；妈妈能够把手举过头顶，能够蹲下再站起来……妈妈吃尽了所有的苦，终于换回了她失去的大部分本领。所有劫难只留下一些淡淡的痕迹，如果不特意翻开回忆，大家几乎都忘记了那个夏天。

唯有我知道，我经历了什么，我怎样认识了自己的妈妈。

又是夏天，天空明晃晃蓝如深海，阳光照彻小城，翠绿的风从这棵树吹向那棵树，蔷薇开满整条外环路，妈妈最喜欢在那条路上散步。

我想像小时候那样，藏在绿荫的后面，等她经过的时候忽然出现，只为告诉她一句："妈妈，认识你很高兴。"

那些高处的白杨树、低处的蔷薇花，一定会在风里发出响亮的笑声，像所有明亮而鲜艳的五月。

## 结语
# 你所不知道的那些温暖

● ● ● ● ●

在黄昏的小站遇见林阿姨，我们俩都觉得亲切。她是妈妈生前最好的朋友，而我，是妈妈最爱的孩子。

我爱妈妈，可很久以来，我一直怀疑自己不是妈妈亲生的。

那我来自何处？我的父母又在哪里？他们有着怎样的遭遇？

这一连串疑问，也许，今夜林阿姨能够给我答案。

\* \* \*

西北的夏日很奇异，夕阳还绯红地挂在山尖，明月已清凉地升上天空。

火车还没有开，我和林阿姨面对面坐着，她端详着我，打趣道："你妈妈生得那样美，可你一点也不像她！"

我心里一跳，想说的话全挤到舌尖，却又推推搡搡不肯出来。

林阿姨微笑："你妈妈爱笑，爱唱歌。冬天总爱穿大襟的缎子袄，将头发盘起来，人人都说她像年画上的白娘子。"

我笑道："村里的小孩叫她白娘子，是因为她待人和善。我们上小学时，路上有条水流很急的河，妈妈几乎天天背我，可她也背别的孩子。当时我很生气，觉得我不是她最爱的人。"

我下意识地想把话题引回去，林阿姨却伸出手指，点着我的鼻子："坏透了的丫头，你十岁那年贫血，医生说要吃红枣粥。你妈妈走了二十里地到我家来讨，恰逢一场遮天蔽日的沙尘暴。我怕出意外，强留她住下。你妈妈听着风声，直煎熬到半夜，等我们全睡熟了，背着红枣像贼一般上了路，全不管月黑风高。"

我也动容："听妈妈讲，那一程除了荒无人烟的戈壁，便是零零落落的坟包。半道上她迷了路，四处乱碰。幸好风停了，她借着隐隐约约的鸡鸣狗吠，找到了家。我记得，天还未明，红枣粥就已咕嘟咕嘟冒香气了。"

我们这一老一小，像是在灯底下翻一本画册。那些过去的时光，比落花更柔软。

＊＊＊

火车开动了，窗外是无尽的戈壁，风里有浓郁的沙枣花香。

林阿姨一口吴侬软语，跟妈妈一模一样，尤其是那爽朗的笑声，几次都让我恍恍惚惚，以为坐在对面的人就是妈妈，而我变得很小很小，端坐在她不再明亮的瞳仁里。

如果火车永远不停，天光永远不暗，我是不是就可以停留在这个温馨的梦里？

林阿姨让我吃她自己蒸的沙枣糕，见我吃得很香，她眼里漾出笑意："小时候，你妈妈叫你沙枣花，你还生气，说自己是最大朵的石榴花。她告诉我，你的胆子小得像一粒沙枣花，让人疼也疼不够。"

我笑道："所以我上学时，妈妈不放心，天天都要接送。上初三那年，我下晚自习回家，半路上不知哪里跑来一只牧羊犬，围住我东嗅西嗅，吓得我都想给那条狗下跪了。正巧遇上妈妈来接我，那么瘦小的一个人，将我护在身后，赤手空拳与那个张牙舞爪的家伙对峙，终于等到牧羊人来解了围。从那以后，妈妈在我心里就是大侠！"

林阿姨看看我，欲言又止。

我为她的茶杯续上水，林阿姨注视着杯中金色的菊花："我和你妈妈气管都不好，最爱喝这种蜂蜜菊花茶。"

我告诉林阿姨，妈妈气管不好，可偏爱吸烟，尤其在夜里，必要点一根在手。她抽的是自家地里种的烟，用粗劣的报纸卷成，没吸两口就灭了。她便点了又点，满屋子辛辣味。我要她戒掉，她说好。可一入夜，她手里又有火光，一看见我，就赶紧往身后藏。

还有，她睡觉时永远忘记关灯，一亮就是一整晚。灯光刺眼，她就将头钻进枕头下面睡。

林阿姨忽然沉默，很久才轻声说："傻孩子，你哪里知道，她是怕黑呀！"

我惊到说不出话来，我一直以为，天底下就没有妈妈害怕的东西，她怎么会怕黑呢？

阿姨似在自语："你妈妈最怕黑，你爸爸常年在外头工作，她要像男人一样，大半夜地去给田里浇水，所以才学着抽烟。她说手里有一点火，就能熬过黑夜。

"你不知道，她七岁时曾掉进水里，差点没命。从此，她一下到深水里就会手脚抽筋。每次过河，都是我背她，她趴在我背上，她眼不敢睁，牙齿咯咯地响，人抖得仿佛要掉下来。"

可是我还清晰地记得，妈妈背着一群孩子，一年又一年，从容地蹚过没过膝盖的河水。

林阿姨握住茶杯："你不知道，她生来就怕狗。小时候总躲在我背后，拉着我的衣角，等我把狗轰走才敢露头。就这样，还要哆嗦一会儿才算完。"

阿姨叹息："她从来就不是个胆大的人！"

我的头轰轰直响：原来是这样，原来是这样！

我的泪溅了出来，湿了脸颊。所有的母亲，无论多么胆怯，在孩子面前都会变作女侠吧！可是，我怎么到今天才知道？

"她曾在生日那天许愿。"阿姨的声音微微嘶哑，"愿所有的河上都有桥，愿所有的狗都有主人带着，愿所有的黑夜都有灯。"

"我一生渴望被人好好收藏，妥善安放，细心保存，免我惊，免我苦，免我四下流离，免我无枝可依。"

很久以前在书里看过的这段话，猛然撞上了我的心，字字分明。

火车又停下了，昏黄的灯底下，有人相聚，有人别离。只有熟悉的沙枣花香，处处相随。

阿姨的声音如梦幻一般："你妈妈生你时，你爸爸正出差。当时，她住得离村子很远，整天是遮天蔽日的沙尘暴。你妈妈受到惊吓，精神恍惚，无论如何都记不起你的生日……"

我的泪肆意涌出，那些黑夜，她是如何度过的，我不知道，并且永远都不可能知道了。但我却切切实实地知道，我是妈妈亲生的孩子。而从前，我一直以为，哪里会有亲生母亲不记得孩子的生日的。

妈妈，我以为我是这个世界上最了解你的人，可我不是。而你，为我所做的那些不可能的改变，我都已知道。

阿姨含泪带笑："听说你现在很能干，又上报纸又上电视的，写的书在全国各地的书店里都有卖的！"

我胸口发热，说不出话来，只轻轻帮阿姨拭泪。

\* \* \*

车厢里有个俄罗斯乘客，翘起舌尖感叹："好香的沙枣花，好香！"

那个异国的旅客，他知不知道：在大戈壁的所有花里，沙枣花最情怯，全盛时，花瓣也只有米粒大小。只因有坚刺寸寸护佑，那香，也就烂漫到无人收束。所以，无论是小小村落，还是茫茫大漠，甚至连那夕阳下的隐隐驼铃都会被这花香惊动。

我曾感慨："我的人生因你而明亮清澈，你教给我太多
东西！"

你惊奇地看着我："那些人生道理，都是妈妈教给我的呀！"

Chapter 5

# 人生因你而明亮

# 不深不浅种荷花

继荣

深处种菱浅种稻，不深不浅种荷花。就让他在这爱的湖心种一株清雅的荷吧！花开时节，那颗小小的心，定会开出粉红或纯白的快乐。

我写东西时，喜欢开着音乐，关上门。这间屋子变成一个小小的气泡，里面只有一个人，一首歌，一个打开的文档。

儿子知道我的习惯，很少来打扰我。

可最近，他似乎忘了这默契，时不时会推门进来。他不说话，只是静静地站在我旁边，这愈发让我奇怪。

思绪屡屡被打断，再好的脾气也绷不住了。我先深呼吸数到十，很努力地做出一个近似"慈祥"的表情，慢声细语地问："你有什么事？"

他不回答，似乎没听见。我忍不住提高音量，再问一遍。

他一抬头，瞪大眼睛，显出极吃惊的样子，指指电脑："别说话，让我听完这首歌！"

播放器里正放着一首老歌："夕阳照着我的小茉莉，海风吹着她的发，我和她在海边奔跑，她说她要寻找小贝壳。"

听完后，他要求再放一遍，我确认这孩子不是梦游，便爽快地答应了。

儿子似乎陶醉在这首歌里，声音里有抑制不住的兴奋："这首歌真让人快乐呀，觉得一下就到了海边，海风很凉，可海水被阳光晒得很暖和。捡贝壳的小妹妹，一直往前跑，像是已经跑进童话小屋里去了，只有她留在沙滩上的小脚印，一串一串闪闪发光……"

在这样的描述里，我的怒气不知不觉变成了欢喜。我温和地问："你每次来，都是为了听音乐吗？"

他点头，崇拜地看着我："你的音乐真是太好听了！一开始，我在门外听，后来就忍不住想进来听。"忽然，他的脸上又显出愧疚："对不起，妈妈，我打扰到你了吗？"

我真诚地摇摇头："谢谢你跟我分享这首歌，现在我觉得它更好听了！"

儿子的眼睛闪着宝石般的光彩，愉快地向我挥挥手："那我出去了，妈妈你忙吧！"

晚餐后，我一直听见他在哼这首歌："小茉莉请不要把我忘记，太阳出来了，我会来看望你……"此刻，我似乎看到他的心房里，有一粒种子在发芽，晶莹、粉嫩。

从此以后，我再写东西时，照常开着音乐，可我的门不再关上。我给小气泡留下了一个出口，儿子可以随时进来听音乐，也可以随时告诉我他的感受。我们俩越来越喜欢这种交流方式，把这视为一天中最幸福的时光。

起初，我的工作进度的确变慢了，心里不免有种藏不住的焦躁。可我转念一想，这世上还有什么工作比做妈妈更重要呢！于是，我努力让自己放松，跟孩子一起聆听这段美好时光。当幸福的浓度越来越高时，我的灵感却比从前来得频繁了，我渐渐习惯了这个气泡里有两个人。

那天，儿子挥舞着一条床单，给我表演自创的"战神舞"。当我随意点开一首蓝调时，他忽然变得安静下来，闭上眼睛，反反复复听了很多遍。在我快要以为他睡着了时，他却突然站了起来。

我停下手头的工作，安静地看着他，我知道，按往常的习惯，他会眼眸亮若晨星，双颊绯红，滔滔不绝地说出自己的喜悦和震撼。这一次，我等待很久，他却沮丧地垂下头，一句话也不说。

我轻轻拉拉他的手："你怎么了？"

他抬起湿润的眼睛，声音有些发抖："我看到音乐里有曾经见过的画面，非常美，我想到很多很多东西，可一点也说不出来……"他叹口气："妈妈，你不能想象，我有多喜欢这首曲子，喜欢到难过！"

我愣了一下，这是一首快乐的曲子，怎么会让一个孩子喜欢到难过？他的心里，有怎样的矛盾和纠结呢？

我坐到他身旁，与他肩挨着肩，再来倾听这首奇妙的曲子。他侧着头，身子前倾，整个人像要坐进音乐里去。很久，他才喃喃道："妈妈，我想起了那幅画，有一次你换了个很好看的桌面，名字叫'下午茶'。"

　　凭着记忆，我从图片收藏里找到那幅"下午茶"——白色的桌布上，一枝猩红的玫瑰倚在瓶中，一杯咖啡，两碟小点心：香草蛋糕、巧克力、樱桃。慵懒的阳光，斜斜地打在花瓣上。

　　儿子看着画，听着音乐，眉毛微微扬起。此时，琴声舒缓，如阳光漫过树梢，漫过脸颊，有种无法抵挡的热度。

　　我试探着问他："你是不是嗅到了音乐里有股甜香？"

　　他微微点头："像蛋糕房里热热的香，还有巧克力碎屑的甜，有很多很多玫瑰，开成了一片海洋。"

　　我惊叹："那天空和大地一定也成了玫瑰色吧！"

　　他用力握我的手："对呀对呀！还有，连风都是那样的颜色，一直吹到蚂蚁的背上，吹到蚂蚁拖着的食物上！"

　　琴声愈来愈曼妙，而鼓点渐急，儿子深深叹息，表情变得紧张。

　　我用手指慢慢梳理他的头发："你在担心什么？"

　　他一口说出来："我担心阳光的脚走得太快，担心花儿跟不上阳光会落下来，担心咖啡会变凉，然后伤心地躲在杯子里。"

　　我抚摸他的肩膀："别担忧，你听，阳光无处不在，它所经过的地方，都会开出无数的花朵。而落花捧着自己的种子躺下来，睡一个长长的午觉之后，它们互相商量着，要开出更香更美的花儿来。"

　　他接着说："开得像阳光一样多，开到山的那一边去，开到我们看不见的地方。"

　　他陶醉在自己的幻想中，嘴角有甜蜜笑意："那我早晨去上学的时候，就会有几万朵花探出头来，对我喊'嗨，早安！'"

我将手圈在嘴边，冲他喊："嗨，早安，早安，早，早，早，安，安，安……"

他也对着我喊。

我们像一朵花与另一朵花喊话，仅仅一个"早安"，也问候得这样惊天动地、喜气洋洋。

我将儿子对音乐的迷恋告诉了好朋友。她立即建议："有这样好的感悟能力，就马上送他去学琴呀，还等什么！"

我跟孩子谈起学琴的事，他断然拒绝："不，妈妈，我只喜欢听音乐！"忽而，他又有些担忧地看着我："妈妈以后还会跟我一起听音乐吗？"

我向他保证："在任何时候，我都愿意跟你一起听音乐！"

他脸上有种毫不掩饰的惊喜："那我们要听很多很多的音乐，听遍每一首好歌！"

多么宏伟的志向！如果可以，我愿意成全他这个美丽的心愿。

朋友责怪我，那么轻易就让步了。

我告诉她，儿子对音乐的爱才刚刚开始，不用急着开发他的潜力。

深处种菱浅种稻，不深不浅种荷花。就让他在这爱的湖心种一株清雅的荷吧，花开时节，那颗小小的心，定会开出粉红或纯白的快乐。

# 书中自有"高鼻梁"

❤ 一凡

妈妈就是这样，无论我跟她谈什么，她从不会大惊小怪，也不会讽刺嘲笑。她态度温和、语言平静，时时让你感受到一种叫作真诚的东西。

上幼儿园时，我的理想是做一位电视节目主持人，直到上初中，我仍然在坚持。

自从这个暑假看完电视剧《花样男子》后，我简直太喜欢那四个帅气的男孩了，人生志向立刻"升级"了——现在，我要做一个最帅的电视节目主持人，让观众一见到我就高兴地说："啊，那是我们最喜欢的主持人，他长得多么好看！看到他，就像看到早晨的第一缕阳光；看到他，就像看到树林里一株优雅的白桦树。"

于是，我拿着那些明星的剧照，仔细对比自己的五官，平生第一次发现我的鼻子不好看，也终于知道了什么叫塌鼻子。

从那以后，我常常看着自己的鼻子发闷："为什么妈妈是高鼻梁，而我不是？"然后又立刻回答自己："因为爸爸是塌鼻子，爸爸的爸爸也是塌鼻子！"

想到这里，我很悲伤：这世上有无数个快乐的男孩，却有一个男孩正为自己的鼻子发愁。无论如何，他那个远大的志向，不能因为一个小小的鼻子而放弃。

我向妈妈说了自己的困扰，希望得到帮助。她想了一会儿："也许会有什么补救方法呢！"

于是，她上网查阅资料，又咨询相熟的美容师朋友，得知有三种方法可以改变塌鼻子——打针隆鼻，手术隆鼻，每天用夹子夹一下，或者用手捏一捏鼻梁。

我怕疼，平时鼻子上长个粉刺都会觉得像中了一枪，如果打针，应该会比世界末日更惨吧！手术就更不用提了，据说要开刀，我只听一听就觉得呼吸困难。而且，无论是手术还是打针都很贵，钱是爸爸妈妈辛苦挣来的，我不能让它花在修整鼻子的刀刃上。

妈妈说："即便要做手术，也要考虑在十八岁以后做。家里没有合适的木头夹子，你每天用手捏一捏好了，这种方法温和一些。"

**妈妈就是这样，无论我跟她谈什么，她从不会大惊小怪，也不会讽刺嘲笑。她态度温和、语言平静，时时让你感受到一种叫作真诚的东西。**

听朋友说，每当他嫌自己个子太矮时，爸爸妈妈就会告诉他，世界上有许多伟人个子都很矮小，外貌不重要，关键是要有丰富的内涵。

他笑道："这句话是万能的，你要穿时尚的衣服，他们会说，衣着不重要，关键是要有丰富的内涵；你想在假期留个新发型，他们同样会说，发型不代表什么，学习成绩才能说明问题。"

可我的妈妈不那样，她会说："要是能长高那就太好了，你一定要坚持哦！"

我终于知道，捏鼻子真是一份枯燥无聊的工作。

如果是小时候，有人见我可爱来捏我的鼻子，我一定会大喊大叫，让他走开。可现在，就算我请别人来，人家也不会有兴趣捏一个十多岁男孩的鼻子，何况还是个不可爱的塌鼻子。

我无精打采地敷衍自己，上上下下地胡乱捏着，实在没劲。妈妈放下手头的工作也来帮忙，捏了一会儿，直喊手酸。我看看我的鼻子，除了颜色鲜艳了一些，并没有增高。

妈妈建议我边听音乐边捏，我担心听到高兴时会不小心抓破自己的鼻子。

妈妈说："那你可以边看漫画边捏。"

我反对："漫画太有趣，看那么精彩的东西，谁还会记得鼻子长在哪里呢？捏到下巴也不是不可能的。假如一个主持人有一个突起的下巴，哪还有观众注意他在讲什么呢！"

妈妈想了想："那就看你平时觉得枯燥的书吧！"

我觉得这个方法可以一试，于是立刻找出那些最不感兴趣的书——唐诗、宋词、元曲……人人都说这些是好书，可不知为什么，它们就是吸引不了我。

妈妈知道我不喜欢，也并不勉强我看。她说："读书如交友，要心甘情愿才好。"

如今看在理想的面子上，看在鼻子的分儿上，我要读书了。

我现在才知道，一个怕疼又想让鼻子增高的人，不能打玻尿酸，不能植入假体，是要凭名著来垫高的。知识到底是有用的，至少可以利用它的枯燥来美容！

我随意翻开一页，开始边捏鼻子边嗡嗡嗡嗡地朗读："芭蕉不展丁香结，同向春风各自愁！"立刻抛开，再翻一本："暝色入高楼，有人楼上愁……"赶紧放下，再找："从今后衫儿袖儿，都招做重重叠叠的泪，兀的不闷杀人也么哥！"

我几乎要崩溃了："我的运气真是太差了，看到的全是愁啊泪啊，真让人受不了！"

妈妈笑得书都拿不住了，她用笔给我圈圈画画了一些，让我再去看。

我捏着鼻子，继续嗡嗡嗡地读："红漆了叉，银铮了斧，甜瓜苦瓜黄金镀，明晃晃马镫枪尖上挑，白雪雪鹅毛扇上铺。这些个乔人物，拿着些不曾见的器仗，穿着些大作怪的衣服。"

我禁不住笑出声来，刚才的愁绪一扫而光。

我继续朗读："我事事村，他般般丑，丑则丑，村则村，意相投。则为他丑心儿真，博得我村情儿厚。似这般丑眷属，村配偶，只除天上有。"

我用力鼓掌，并感谢妈妈推荐。这首曲子不用注释我也全能看懂，句子虽然土气却很新鲜，跟我平时看的偶像剧中男女主人公的深情对白完全不同。

妈妈说："因为情意是真的，所以它不用配乐，不用一波三折的情节催泪，不用帅哥美女出镜，一样可以打动人心。"

看我的手停下来了，妈妈提醒："别忘了鼻子！"

原来，我的一颗心、两只手都放在书上了，忘了鼻子。我很开心地腾出一只手，放在鼻梁上，这才是最重要的事啊！

妈妈说："书中自有高鼻梁！"

我举着书，开始向妈妈显摆："江南可采莲，莲叶何田田。"

妈妈不屑一顾："中有双鲤鱼，相戏碧波间。"

我继续为难她："浮云一别后，流水十年间。"

她想了一想，才开心地笑："端端正正人如月，孜孜媚媚花如颊！"

我再问，她真答不出了，向着我瞪眼："我不做饭了啊？"

我怕了，赶紧换题目："两个黄鹂鸣翠柳？"

她抢答："一行白鹭上青天，我们今天中午出去吃！"

啊，答不出不给做饭，答出来也不给做？

妈妈问："今天中午我们是在外面吃，还是在外面吃？"

我笑得书都跌下来了，顺便捞过镜子，看鼻子有没有长高一点点。

渐渐地，我不再害怕古诗里的愁了，可依然不习惯词里的怨。直到听见妈妈给我念的那一首词："山一程，水一程，身后榆关那畔行，夜深千帐灯。风一更，雪一更，聒碎乡心梦不成，故园无此声。"一下子就被打动了，只觉得有说不出的情绪，像小雪花一样漫天飞舞。

我不再要求妈妈给我介绍"有趣"的诗词了，我好像在这些长长短短的句子里，慢慢长大了。

有时，我心里也会泛起古人般的忧伤：我的偶像剧很久没看了，我的PSP落灰了，我的网游很久没有升级了。为了我的鼻子，我花费了太多的时间，可它的改变并不明显。

妈妈安慰我："现在科技发达，也许过几年，就会有无痛隆鼻的方法了！"

今年春天，沙尘暴来得格外频繁，一到夜里就风吼树摇。

我住在靠南的屋子，风声一起，声势浩大，仿佛要把人连同房子一起抬走。如果真的马上抬走，我还没那么紧张，可它一直呼喊着，吓唬着你，把无数的黄沙搬运进来。

妈妈说："我喜欢听风声，我们交换卧室。"

我轻蔑地一笑："你以为我还小呢，那么容易上当！"

天冷的时候，她说喜欢朝阴的卧室，天热时，她又喜欢向阳的卧室了。

我大声抗议："你这叫溺爱，我自己会想办法的！"

我的办法就是看书——《西游记》《水浒传》《三国演义》……一页一页地翻过去。

我的同学听说我才开始看《西游记》，下巴都要笑掉了，他小学就看过这些名著。

　　我将这件郁闷的事告诉妈妈，她淡淡地说："我三十岁才第一次读到《红楼梦》，读书不论早晚，喜欢就好！"

　　那么，我的鼻子不会到三十岁才增高吧？

　　我们听说市里开了一家旧书市，便匆忙赶去，到处打听就是找不到地方。在广场的花坛边，我们发现一个哭泣的小女孩，她说妈妈去买冰激凌了，很久都不回来。妈妈劝她不要哭，说再等等妈妈就会回来。我给她讲笑话她不笑，讲故事她也不听，只是急着要去找妈妈。

　　我急中生智："你要是会对诗，哥哥就带你去找妈妈！"

　　她停止哽咽，答应了。

　　《静夜思》《春晓》《春夜喜雨》……小妹妹不哭了，越来越开心，最后我们两个一起喊："鹅，鹅，鹅，曲项向天歌，白毛浮绿水，红掌拨清波！"

　　谢天谢地，她的妈妈终于来了！小妹妹嘴里吃着冰激凌，呜呜噜噜地说："这个哥哥长得真帅！"

　　我激动不已，立刻跑到一辆停着的车前，对着车窗照来照去，我的鼻子仍然没增高，仍然没有！我不甘心，继续照。

　　车窗缓缓地摇下来，一位姐姐温和地说："你好了没有？我要开车了！"

　　我捂住鼻子，无限悲伤。我在心里告诉自己："我不会放弃的，我一定要做一名最帅的男主持人，一定！"

# 向着明亮那方

❤ 继荣

我们向往的明亮那方，是爱与善良，就算吃过苦头，失望过，沮丧过，仍然要坚持爱。如果害怕灼痛翅膀，就会错过好听的歌，错过美好的人。心里的花树，只有朝向阳光，才会郁郁葱葱，姹紫嫣红。

周末晚上，我们读金子美铃的诗：哪怕一片叶子，也要向着日光洒下的方向；哪怕烧焦了翅膀，也要飞向灯火闪烁的方向；夜里的飞虫啊，向着明亮那方……

儿子蹙起眉头，口中嘶嘶作声："我不要被烧焦翅膀，多疼啊。"他伸出双臂，假装是灼伤的翅膀，艰难地抖动几下，又垂下来，犹豫不决地说："我怕疼，可我也怕黑，我喜欢明亮的地方。"

小孩子讲的是实话，很少有人天生勇敢果决，摆脱畏惧是一个人一生的功课。

第二天早晨，我们骑着自行车去看日出，不知不觉竟然骑了很远，前面有个很热闹的集市。

在那里，我们买过稚拙的石头小鸟，也买到过用茶花冒充的天山雪莲；买过世界上最好吃的无花果干，也买过包熟包甜打开却是生的西瓜。曾经在找的零钱里发现五元手工绘制的假钞；也曾经得到过热心路人相助，帮我修好自行车却连姓名也不留。

在那个熙熙攘攘的地方，我们有过小小沮丧，也收获了无穷乐趣。

穿过眼前的地下通道，再走一百米，就能到达集市了。通道里常年有一位乞者，闭目敛容端坐，面前摆一纸盒：有人施舍零钱，有人施舍瓜果，甚至有个瘦小孩，把自己的感冒药放在纸盒里。无论给的是什么，乞者都颔首致谢。

今天，通道里多了位老人，皱纹累累，长须雪白，让人感觉他有一百岁了。他面前摆着一堆老式的录音卡带，时光仿佛一下子穿越回去，回到很远很远的地方。

那时，年少的我们把卡带放进录音机，音乐像盐一样洁白，石子一样光滑，又像沸腾的牛奶一样，在我们的青春里皎洁，又滋养了我们的心灵，成为打开秘密花园的钥匙。

我示意儿子停下。我们蹲下来，细细翻看那些录音带，上面有蓝黑墨水写的字，弯弯曲曲，犹如天书。我拿不准这是哪个民族的文字，想知道这里边录的是什么歌。

这位老人非常拘谨，吞吞吐吐地说，里边是他自己唱的歌曲。

他把磁带放进那台老旧的录音机里，又拍拍打打了一阵子，好不容易开始转动，带子却被夹住了。他小心翼翼地取出来，磁带已绞成一团乱麻，他细心地整理好，再用铅笔一点点缠回去。

这是一个需要耐心的活计，我们聊起天来，得知老人放过羊，种过田，现在帮助女儿照料一家小小的干果店。他操劳一生，唯一的爱好是唱歌，三年前录制了很多歌带，到处兜售，至今一盒也没有卖出去。附近的人都熟悉了这个物件，一看见就会脱口叫出他的名字。

他再次按下播放键，却怎么也不出声，原来是电池没电了。我见老人带着乐器，便请他弹唱一曲。

他脸红起来，变得手足无措："我唱得不好听。"

我哭笑不得：这个人，那么勇敢地来售卖自己的歌曲，却又如此羞怯地说自己唱得不好听。真的，我从未见过这样腼腆的老人。

为了证明自己说的是真的，老人指指通道口那个乞者，说："那个人本来坐我对面，我唱完一支歌后，就把他吓得挪了那么远。"

乞者忽然发声："我挪过来，是怕别人把你当成我的同伴。"

我们三人都笑起来。老人拨动琴弦，低低吟唱，我一句也听不懂。

他向我解释歌词大意：离群索居的人，无须青翠的草原；沙漠里的旅者，无须花儿、夜莺和峰峦。拂晓的春风吹来你发香缓缓，这世界无须麝香来自和田……歌词有些《诗经》的味道。

我决定买两盒，家里有一台很老的复读机，应该还能播放。

　　见我真的要买，老人脸上喜忧参半，他再三嘱咐："你要是觉得不好听，千万不要扔掉，拿回来我退给你钱。"

　　我明白，他渴望有人像他一样爱这些歌。

　　走出去很远了，儿子才问："手机和电脑里有听不完的好歌，为什么要买这个呢？"

　　我回答："这与歌星们唱的不一样，是很特别的歌。"

　　儿子若有所思："你买他的歌，是为了让那位老爷爷开心吧？"

　　我承认有这个原因，又反问他："你走了这么远才问我，是怕老爷爷听见后伤心吧？"

　　我们俩一同笑起来。

　　今天集市特别热闹，来往的人摩肩接踵。还没走几步，就听啪的一声，有盒磁带从我浅浅的衣兜掉出来。我赶紧捡起，并摘下手绳，将它们紧紧捆扎在一起。儿子建议放进他的衣袋里，男孩子的衣袋又宽又深，绝对不会掉出来。

　　我们东看西看，兴致十足。因为今天是临时决定来的，并没有带多少钱，所以只买了一束紫茉莉，开开心心准备回家。

　　儿子忽然惊叫起来，原来，他发现衣袋的底部开了线，录音带不知掉到哪里去了。

　　我们不甘心，大海捞针一般，到处找，到处问，可并没有人见过。想起老爷爷的嘱咐，我心有歉疚，可又有什么办法呢？

在集市的出口处，有一家小店，门口摆着桌凳。我打算坐下歇歇，眼睛仍然习惯性地搜索着地面，希望能出现奇迹。

忽然，儿子拍手叫道："看，我们的东西在这里！"

我抬头看向桌子，禁不住喜出望外：不知是哪位好心人捡起来的，两盒录音带仍然捆在一起，手绳上的珠子被阳光映得熠熠生辉。

玻璃门后，走出一个熟悉的人来，正是那位沧桑的歌者。他含笑告诉我们，是隔壁包子铺的小伙计捡到的，立刻送到他这里。老人料定我们必会经过此处，便摆放在门外的桌子上。

我深深道谢，他却快活地眨眨眼睛："该说谢谢的人是我，今天第一次有人买我的录音带，这是我一生之中最开心的日子。"

我看着他的眼睛：他经历的坎坷与通途，他穿过的荒芜与青翠，他一点一滴累积的人生，我都无从知道，但我想与孩子一起听听他的歌。

告别的时候，我将那束紫茉莉献给他，他郑重收下，眼睛变得神采奕奕。

黄昏时候，我们终于听到了歌曲。录音效果不佳，里面有沙沙的杂音，有风吹戈壁，有远远的狗吠，有近处的羊羔咩咩。一个低沉的声音响起，无甚技巧，却饱含深情，将一段段寻常岁月，唱得闪闪生光。

这样动人的歌声，完全配得上那束馥郁的紫茉莉。

睡前，再读金子美铃，我向孩子解释：每个人向往的明亮是不同的，唱歌就是老爷爷生命里的明亮那方。在漫长的时光里，所爱的事物一直陪伴着他，无论生活如何变迁，心底的阳光都会赐予他温暖与力量。

而**我们向往的明亮那方，是爱与善良，就算吃过苦头，失望过，沮丧过，仍然要坚持爱。如果害怕灼痛翅膀，就会错过好听的歌，错过美好的人。心里的花树，只有朝向阳光，才会郁郁葱葱，姹紫嫣红。**

金子美铃说：向着明亮那方，哪怕只是分寸的宽敞，也要向着阳光照射的方向。因为爱与温暖，都在明亮那方，无论如何都不能放弃。

我絮絮地说着，忽然，听到一阵均匀的呼吸声，原来这小孩早已睡着了。

我禁不住微笑，伸手按熄台灯，替他盖好被子。愿他的梦里，有晴空如洗，云朵盛开，愿他听得见阳光的召唤，渐渐生长出一双坚强的翅膀。

# 妈妈的梦想

♥ 一凡

妈妈有很多很多梦想，仿佛她心里长着一棵樱花树，樱花不断盛开，不断飘落。我虽然总是担心追求梦想的路上会有挫折，可一个有梦想的妈妈，是多么让人骄傲啊！

妈妈看到了别人电脑屏幕上的樱花桌面，心中无限羡慕。她向我描述："那桌面真是好看，从屏幕左上角，不停地飘落点点粉色花瓣，然后变成一棵树，再然后，就会下起樱花雨。"

她对我一说再说，然后就去做饭了。

我认为，这是个太简单的事情，于是暗自想给她一个惊喜。我关上房门，利用搜索工具到处找这个动画桌面。Google 一搜，果然有，于是下载。

我张大嘴巴笑起来，得意地想："太好了，妈妈马上就会有浪漫可爱的樱花桌面了，满天都是樱花雨，美不胜收。而且樱花分分秒秒都在开，分分秒秒都在落，多么神奇。等一会儿，妈妈不知会怎样崇拜我呢！"

好了，安装成功，激动人心的时刻终于到了，我几乎要冲出去叫妈妈来一起庆贺。

忽然，莫名其妙的广告和画面占领了电脑屏幕的全部天空。接着，防火墙"恼羞成怒"，不断弹出警告。可谁听它的呢？杀毒软件也"暴跳如雷"，不断地清除病毒。

妈妈曾告诉我："大凡被称作'毒'的，都是生命力极顽强的东西，有着'野火烧不尽，春风吹又生'的品质，无论在多恶劣的情况下，都能从头再来。"这个病毒，也不例外。

我不停地杀毒，它又不停地出现，宛如传说中的猫有九条命一样，意志坚韧得让人自愧不如。

我暗自叹道："我若有它一半的坚强、主动，哪有做不成的事情啊！"

就这样，浪漫樱花一片都没有落下来，反倒是病毒铺天盖地砸下来，直弄得我晕头转向，慌了手脚。从系统盘里删除，从注册表里删除，从启动项里删除。

我咬牙切齿："病毒啊病毒，无论你在哪里，我都要找到你，消灭你！"

可是，它有着顽强的再生功能。

坏的东西，都不温柔；坏的东西，都比较泼辣；坏的东西，从不退缩。因为它一温柔，一退缩，就变成好东西了。

我虽想通了这道理，可也想大哭一场。我实在是无能为力，实在是黔驴技穷。我向所有的神灵保证，我再也不会要樱花桌面了，哪怕就是弄一棵真的樱花树来种在我的电脑前，我也不干了！我已经昏了头，忘记是妈妈喜欢这樱花，而不是我自己。

我被病毒征服了，老老实实地发誓：从此，不再爱樱花了，只老老实实地使用电脑。不去任何不明不白的地方。我要对电脑负责，让我家的电脑成为一个最最干净的孩子。

妈妈来叫我吃饭，我关了机出去。

妈妈奇怪地问："一会儿我还要用，你关掉做什么？"

我含含糊糊地说："省电，环保……"

她看看我，没有再问。如果让她看见满世界的病毒，一定会吓得脸色苍白、如临大敌，肯定会马上打电话叫人来修理。可我想吃饱饭后再交战，面对这样放肆的挑战，我不能就这样认输。

吃饭时，妈妈兴致勃勃地说："以后有机会，我们一起去武汉看樱花吧？"

我嘴里含着饭，哼哼唧唧："嗯，好。"

我想到的是，妈妈身体不太好，如果外出旅行，不知体力能不能撑得下来。只要她一疲倦，就会没力气游玩，吃不下东西，睡不好觉……可她全然不考虑这些问题，只顾兴高采烈地计划着出行的日子，仿佛明天就要动身一样。看她眉飞色舞的样子，完全不像一个成熟的大人，跟我们班那些简单的小女生没有什么区别。

我狼吞虎咽地吃过饭，又回到书房与病毒战斗了十多个回合，仍然没有胜利的迹象。我气恼得伏在电脑桌上大吼了一声，妈妈就推开了门。

她没有我想象得那样懦弱，看了一会儿那猖獗的病毒，她轻描淡写地说："前几天，我安装了一个一键恢复程序哦！"

我目瞪口呆："安装程序。妈妈，你何时变得这样能干了？"

从前，只要电脑出一丁点问题，她就如临大敌，惊慌失措。而现在，她居然学会了这一招，尤其是那气势，和平日里完全不同。

只见她开始动手操作，非常熟练，只轻轻按一键，系统干干净净，回到纯白的从前。我几乎要对她顶礼膜拜，喊三声师傅。

她得意地念叨："坏的东西，总是不能长久；坏的东西，总敌不过善的东西；坏的东西，总有个坏的归宿！"

我检索着电脑里的东西：一切正常，病毒连尸骨都没留下，仿佛从来没有发作过。

可是，当一切恢复正常后，妈妈又痴痴地念叨着："如果我的桌面上飘满樱花，该多好啊！"

我乍一听，大惊失色，可想到一键恢复又有些安慰，大不了再恢复一下吧！

我再次动手帮她寻找樱花桌面时，妈妈又提起去武汉看樱花这件事，还说要去西藏。我想告诉她高原反应等问题，可她又是一副乐开了花的样子。

我暗自下决心："如果妈妈想去，就去吧！从下周开始，我陪她跑步，打羽毛球，跳绳，到出游时，她就会有个很健康的身体了！"

妈妈有很多很多梦想，仿佛她心里长着一棵樱花树，樱花不断盛开，不断飘落。我虽然总是担心追求梦想的路上会有挫折，可一个有梦想的妈妈，是多么让人骄傲啊！

结语
# 关于人生的一封信

　　亲爱的孩子，我们有关人生的第一次谈话，应该是在你三岁的时候。

　　那天，从幼儿园回到家，你表情庄严："妈妈，你知道什么是人生吗？"

　　我猛然顿住，出声不得。你进园方两个月而已，不问滑滑梯，不问可乐鸡翅，居然问起深奥的人生，这如何不让人惊悚！

　　我的舌头如缠了蝴蝶结，磕磕巴巴地背书："人生就是去寻找一种叫作幸福的东西，还有……"

　　你哈哈大笑："全错啦，妈妈连这也不知道！"

　　我窘到热汗流进眼睛里，蹲下来，虔诚地向你请教。我真的想知道，一个三岁幼儿是如何看待这么宏大的问题的。

　　你攀住我的手，扬扬得意："我同桌的妈妈是医生，她说人参是一种中草药！"

　　我眼前豁然开朗，止不住大笑。

　　大约在你四岁的时候吧，我去找你吃晚饭，你和一些小朋友正玩过家家。你招呼一个小女孩："来，你把这块泥巴弄好，我把这根树枝搭好，我们就有一个家了！"

　　小女孩说："别着急哦，我还要垒个院子，种几棵西红柿，种一排玉米！"

　　稚气的你又开口了："我还要养匹马呢！"

　　女孩声音香滑如牛奶："还要养一群羊，睡不着的时候可以去数！"

　　专心的你们，根本没看到对面的我。我却看到了你们画出的人生——一个甜蜜的小家，窗下有玉米吐穗，屋后有菜园。马甩尾，羊吃草，阳光数着栅栏，风摇青藤。日子像羊毛，一丝丝地长，一丝丝地暖。

　　你仰起满是泥巴的小脸，忽然开口："美好人生，从现在开始！"

　　我又吓了一跳，后来才知道那是一句热播动画片中的经典台词。

　　终于有一天，你来跟我正式探讨一个有关人生的话题。那段话的大意是：人的一生，睡眠用去许多，吃饭用去许多，玩要用去许多，而真正用来学习与工作的时间，少而又少。以此证明，人生于世，莫虚掷了光阴，要努力学习，勤于工作。

　　我们俩讨论的结果是：学习与工作很重要，可吃饭、睡眠甚至玩耍，也不算浪费时间。每一样都是生命之树上的花儿，每一朵都有它不可替代的芬芳。

　　如今，你早已忘了"人生"与"人参"的笑话，也想不起玩过家家时的惊人之语。现在，我最开心的是，你能够不断地告诉我，自己对人生的新体验。

　　当我为频繁感冒而叹息时，你安慰我："感冒没有错，你也没有错，它提醒你要多锻炼，是善意的哦！"

　　在我不听劝阻，坚持熬夜工作时，你告诉我："按时结果子，叶子也不干枯，一年结一次果子，是树的最快速度！"

　　在我因失败而沮丧时，你悄悄给我留张字条："大雄在《哆啦A梦》全集中，一共被胖虎揍173次，被老师骂60次，被妈妈骂了327次，被狗咬23次，掉进水沟14次，可大雄还是乐观地活着，我们面前的委屈和困难算什么呢？希望妈妈在踉跄中前进，在跌倒后跃起，在重负下反击，慢慢强大，渐渐勇猛。"

　　我曾感慨："我的人生因你而明亮清澈，你教给我太多东西！"

　　你惊奇地看着我："那些人生道理，都是妈妈教给我的呀！"

　　这真是一个奇妙的人生，我给你的是种子，你却将大束鲜花放在我怀中，让我不必眺望，就能看见值得感激的生命真相。

# 如果你也曾疼爱

——卜嘉的故事

孕期里，我似心藏莲花，一遍遍描绘爱儿的模样：稚气的眼眉，顽皮的动作，幸福的表情。孩子，当我画你的时候，才明白花蕊里为什么有蜜。

可未曾想到，仅仅 28 周，你便提前降生，不会哭，不会动，只有巴掌般大小。医生们来往穿梭，紧急抢救：保温、插管、开刀、输血……加护病房的病危通知，所有人的心，分分秒秒都悬着。望着你，我不禁泪水涟涟："我的孩子，你冒了多大的风险来见妈妈啊！"

挨过所有难挨的时光，我们终于平安回家。抱着孩子，我微笑，我以为，所有的心痛、惊慌和劫难都已过去，接下来便是无尽的好时光。

谁知，更大的麻烦已等在前头。

三岁时，医生宣布儿子患有脑瘫，那一刻，我跌坐在门口，放声大哭。先生眼睁睁看着我，心痛到无言。我的孩子目光一如往常，清纯如水，看上去天真、柔弱且安详。他根本不知人生凶险，亦不明白自己遇见了什么。若我倒下，谁能在今后的时光里陪他长大？悄悄收起泪水，我喃喃地说："孩子，我们回家！"我抱紧他，像抱着整个世界："无论前路有多少风雨，妈妈都会为你撑一把伞。"

小的时候，儿子被我们抱在怀里，吃喝玩乐，哭泣笑闹，与别的孩子尚无分别。可渐渐大起来，同龄孩子早已奔跑如飞，小脚踩得地板咚咚直响了，儿子仍然离不开我们的怀抱。面对各式各样的目光，我的心开始抽搐，勇气慢慢躲在门后。为了不让别人看出我的伤，在人群中，我尽量将自己扮成一个活泼开朗的人。没有人知道，言笑晏晏的我，已经心力交瘁，在"坚强"的面具底下，是一张浸透泪水的脸。

我不敢单独带儿子出门，不知如何回复别人的问询。我想拥着孩子，躲到一个无边的黑夜之中，那里有我想要的温柔和安宁。

直到那天，我的先生从部队回来，他从我母亲那里接回了儿子。我忐忑不安地走过去，惊讶地看见，在出站口那儿，人潮熙熙攘攘，先生穿着一身英挺的军装，坦然抱着那个穿铁鞋的男孩。路人好奇的目光纷纷落在他们身上，但先生根本不在意。他的神态里没有丝毫拘谨，只有对儿子的疼爱。

那一刻，我被深深打动，先生安然的双眼，照亮了我惶恐的内心。别人怎么看不重要，我们一家人相亲相爱，才是这世上最美好的温暖。孩子在长大，而我也在成长，变成一个坚强的妈妈。

我带着孩子去做复健治疗，那个过程漫长而痛楚，看他挣扎着哭泣、躲闪，我屡屡想放弃。好心的医生和护士，将我请出门外等候。隔一道门，听那撕心裂肺的叫喊，我却无能为力，攥紧双拳，任凭一颗心在惊涛骇浪里颠簸。

原来，有多爱，就有多疼。

我亲爱的孩子，如果可以，我愿代你承受人世间的一切苦难；如果可以，我愿付出生命中的一切，交换你的健康与快乐。可是，我不能。我无法替代你的疼痛，只能啜泣着等待，你的眼泪之上，叠加着我的眼泪。我只能渴望，在今后的日子里，你的快乐与我的快乐，能并肩前行。

七岁上小学那年，儿子才学会走路，穿着铁鞋，摇摇晃晃，看得人心惊。就这样，他还是不断跌倒，可孩子不哭不叫，在众目睽睽之下，他爬着，找到一个支撑物，再拼尽全身的力气站起来，继续往前走。在经历了太多厄运之后，他找到了生命中的支撑点——勇气。

这些过往，他也只是在上中学之后，在一次偶然的聊天中，云淡风轻地告诉我的。看他唇上的微笑，我的心，依然会一跳一跳地痛，可也有一个做母亲的骄傲。我的孩子让我明白："站起来比跌倒多一次，就叫成功。"

中学三年，我不放心他一个人走，每天开车载他上下学，替他拿书包。可儿子却提出，他要自己学着拿书包。我想都没想就拒绝了："那怎么行！"我没有说出后面的话："你连路都走不好，怎么能拿得动那么沉的书包呢？对于别的孩子，这是个极简单的动作，蹦蹦跳跳就完成了。可对于你无法平衡的身体，这是一座山啊！"

儿子的目光很坚定："妈妈，你不用担心，我想自己拿！"

　　此时我才发现，这个让我分分秒秒都牵挂的宝贝，已经长大成人。他有帅气的脸庞，有俊俏的眉眼，还有自己的主见。我第一次妥协了："好吧，你试试看。"

　　这一试，书包就再也没有交到我手里。我常常躲在他身后，看那个亲切的背影，艰难地负重前行，眼睛又酸又涩。

　　当时，他就读于资优的美术班，要走到自己的教室，必须经过长长的一排"放牛班"教室。我怕他跌倒，怕他受到伤害。当儿子一拐一拐，急促地走过去时，我听到了旁边孩子们放肆的嘲笑。那声音，在一个母亲耳中无限地放大，如重锤般敲打着我敏感的神经，我的泪再次滚滚而下。放学后，我忍不住问孩子："那时，你一定很难受吧？"他静静地回答："只要他们高兴就好，我无所谓，妈妈，别想太多！"

　　原来，把困难举在头上，它就是灭顶石；把困难踩在脚下，它就是垫脚石。含着笑，我的眼睛又湿了。我不知道，一个母亲一生要为孩子流多少泪，可我知道，我的孩子给了我无数的勇气和快乐。

　　我一直以为，是我与家人扶持着他，我并不知，他也在坚强地扶持着我们。

　　进入高中后，他不让我再为他担忧。我平日里操心的大事小事，一桩桩放手。他凡事要自己来，不要家人帮忙，也不想依靠同学。我答应了他，不再出现在他必经的路上，不再事事关照他。我发现，他比从前快乐了。凝视他开朗的神情，看他兴致勃勃地做事，我心里雪融，鸟鸣，花开，那漫长的冬季，戛然而止。

我们的春天，是许许多多的亲人和朋友寻找回来的。在那无边的暗夜里，我们彼此为灯，照亮对方的心灵。从儿子降生那天起，外公和外婆就对这个小肉团倾注了全部的关心和疼爱。他们默默地从我肩上分走许多担子，不分日夜，悉心照料着这个外孙。面对病弱的孩子，他们从不叹息和抱怨。在他们眼里，他跟所有孩子一般可爱。

父母无儿，我无兄弟，二老总有无法传宗接代的隐忧。儿子提出，愿随母姓，看着父母的惊喜和满足，我心里也有说不出的感激，这个细心且懂得感恩的孩子，看到了老人藏在内心的渴望，并努力成全了他们。用爱擦亮眼睛，神能看到的，我们也能看到。我们相约，要比外公和外婆多活一天，请让我们照料他们。

今生，我无法送你一双结实有力的腿，你却送我一双轻盈美丽的翅膀。

从此，我懂得了爱为何会疼。在爱里，有太多我们无法预料的艰辛、泪水和哭泣。可是，爱那么美好，又那么真实，只因深深地疼过，才更懂那爱的珍贵与美好。它让缺憾的生命变得圆满，让简单的人生变得丰盈。

如果你也曾疼爱，你一定会深谙岁月的安排，你会嗅到，在某一个盘子里，幸福的味道正浓。

正因爱过，疼过，所以我可以对自己和世人说："我曾经亲眼看到过爱，它的确存在；我曾经真的见过幸福，以及这幸福的由来。"

写卜嘉时，惶惶然不敢下笔。因为自身的经历，我深深知道不会走路的艰难，也能够了解这个坚强的男孩经历过和正在经历的事情。

在写他的时候，我一度忘情，将他当作自己的又一个孩子，心里的喜怒哀乐，与自己贴得那么紧，唯恐会违背了他们母子本来的心意。

那个男孩的形象，在我眼前渐次明朗，有泪水，有欢笑，心里有承受不了的喜与忧。那个妈妈，也似乎变成我自己。我将怎样才能表达出心里的爱与敬意。我知道，他们母子会在我的人生里，有一个重要的位置。

在西北花还未开的四月，他们曾以芬芳的香，点亮我的记忆。

## 图书在版编目（CIP）数据

爱，让我们彼此听见 / 刘继荣，张一凡著.
-- 北京：北京联合出版公司，2017.3

ISBN 978-7-5502-9897-2

Ⅰ.①爱… Ⅱ.①刘… ②张… Ⅲ.①儿童教育 – 家庭教育 – 通俗读物 Ⅳ.①G78-49

中国版本图书馆CIP数据核字(2017)第035364号

# 爱，让我们彼此听见

● ● ● ● ●

项目策划　紫图图书 ZITO®
监　　制　黄　利　万　夏

作　　者　刘继荣　张一凡
责任编辑　牛炜征
特约编辑　姜晓娜
内文插画　某　某　菜　心
装帧设计　紫图图书 ZITO®

北京联合出版公司出版
（北京市西城区德外大街83号楼9层　100088）
北京瑞禾彩色印刷有限公司印刷　新华书店经销
120千字　880毫米×1270毫米　1/32　7.5印张
2017年3月第1版　2017年3月第1次印刷
ISBN 978-7-5502-9897-2
定价：42.00元